길을 묻는
인생에게

김희숙 지음

도서
출판 행복에너지

길을 묻는 인생에게

초판 1쇄 발행 2018년 5월 1일

지 은 이   김희숙
발 행 인   권선복
편   집   천훈민
디 자 인   김민영
전 자 책   천훈민
발 행 처   도서출판 행복에너지
출판등록   제315-2011-000035호
주   소   (07679) 서울특별시 강서구 화곡로 232
전   화   0505-613-6133
팩   스   0303-0799-1560
홈페이지   www.happybook.or.kr
이 메 일   ksbdata@daum.net

값 15,000원
ISBN 979-11-5602-599-3   (03910)

Copyright ⓒ 김희숙 2018

도서출판 행복에너지는 독자 여러분의 아이디어와 원고 투고를 기다
립니다. 책으로 만들기를 원하는 콘텐츠가 있으신 분은 이메일이나
홈페이지를 통해 간단한 기획서와 기획의도, 연락처 등을 보내주십시오.
행복에너지의 문은 언제나 활짝 열려 있습니다.

길을
묻는
인생에게

김희숙 지음

도서
출판 행복에너지

목차

3장. How? 길을 묻는 당신에게

4장. Vision! 김희숙이 7가지로 답하다

에필로그

출간후기

운(運)을 이야기하는 인연

"김희숙 씨 나와 인연이 있네. 이 공부하러 와야겠네."

"네? 무슨 인연이 있습니까? 오늘 선생님을 처음 만났는데."

"전생에 인연이 있어. 나와 인연이 오래가겠네. 공부하러 와."

꿈에도 생각해 보지 않았습니다. 아니, 전혀 명리학 공부에 대해 아는 것이 없었습니다. 친구가 자신이 가는 곳이 있는데 잘 본다면서 가보라고 권해서 찾아간 철학관이었습니다. 철학관이라는 곳도 처음 간 날이었습니다. 그저 점이나 보는 곳인 줄 알고 찾아간 곳이었습니다. 사주풀이라는 것도 처음 해 본 날이었습니다. 사주팔자에 대한 사전 지식도, 명리학에 대한 어떤 것도 몰랐고 들어본 적도 없었습니다. 어이가 없었고 기가 막혔습니다. 처음 본 사람에게 갑자기 사주팔자 공부하러 오라니.

"나에게 운관 선생님께서 사주팔자 공부하러 오란다."

"그래? 너랑 잘 어울리겠는데?"

"나랑 잘 어울려? 난 전혀 모르는 공부인데? 선생님께서 선생님이랑 내가 전생의 인연이 있단다. 그리고 인연이 오래가겠다며 공부하러 오라네. 어떡하지?"

친구는 내 말을 듣더니 주섬주섬 봉투를 찾았습니다. 봉투에 30만 원 현금을 넣어 내게 주었습니다.

"뭐야?"

"한 달 수강료."

"어? 왜 네가 돈을 줘?"

"그냥 주고 싶네. 공부를 시작해 봐. 난 잘 모르겠지만 운관 선생님께서 괜한 말 하실 분이 아니잖아. 왠지 너랑 잘 어울리는 공부일 것 같으니까 첫 달 수업료는 내가 줄게. 해 봐."

갑자기 공부를 권유하는 선생님과 수업료를 선뜻 내 주는 친구 때문에 전혀 생각해 보지 않은 사주팔자 공부를 시작하게 되었습니다. 나와 명리학의 인연은 그렇게 단 한 번의 만남으로 얼떨결에 시작되었습니다. 자석에 이끌리듯이.

"내가 책을 내고 싶은데 방법을 모르겠네. 내가 컴퓨터를 할 줄 몰라서."

"제가 도와드리겠습니다. 선생님께서 말로 불러주시면 받아 적어 제가 컴퓨터 작업을 해 보겠습니다." 그렇게 3개월 동안 선생님이 불러주시는 내용을 손으로 받아 적었습니다. 다시 집에서 컴퓨터에 옮기니 책 한 권이 그대로 머릿속에 들어왔습니다. 나의 명리학 공부 1.0 완성의 계기가 되었습니다.

지하도 길거리 상담가 생활 2년. 길거리의 오픈된 공간에서 지나가다 앉는 전혀 모르는 사람들을 상대로 상담을 순간적으로 해 내야 하는 훈련기간이 있었습니다. 자칫 봉변이라도 당하기 쉬운 환경 속에서 상담은 열심히 공부하지 않으면 안 되는 시간이었습니다. 나의 명리학 공부가 2.0으로 업그레이드되는 때였습니다. 그 뒤로 또 10년을 상담하며 현장에서 경험을 쌓았고 책 쓰기를 준비하면서 버전 3.0을 향해 가고 있습니다. 그동안 나의 명리학 공부는 '어떻게 하면 송곳처럼 날카롭게 사람들의 운명을 맞출 수 있을까?'만을 찾아 헤매는 시간이었습니다. 또 '어떻게 하면 멋있게 통변을 할 수 있을까?'만을 연구하는 시간이었습니다.

"취업이 안 돼요. 제가 이대로 아무것도 못 하는 사람이 될까요? 부모님은 나이가 들어가는데 제가 취업도 못 하고 있으니 걱정이 많으세요. 부모님들이 제 걱정하시는 것이 속상해요." 20대 청춘의 눈물부터,

"사랑하는 남자와 연락이 안 됩니다. 가슴이 타들어가 죽을 것 같습니다."

사랑 때문에 우시는 60대 어머님의 사연까지.

나는 어떻게 하면 사람들의 운명을 잘 맞출까를 고민하며 사람들의 운명 맞추기에 급급한 공부 중이었는데, 정작 사람들은 내게 와서 마음속 이야기를 털어놓으며 눈물을 흘렸습니다. 그들의 눈물 속에서 나는 한 개 더 맞추는 것보다 그들의 이야기를 들어주어야 했고 위로를 해 주어야 했습니다. 그들의 눈물 속에서 내가 하는 일이 단순히 사주나 풀어주고 운세나 말해 주는 역할이 아니라 힘든 사람들 곁에서 함께 있어 주는 사람이라는 것을 깨달았습니다. 그러면서 역

학서적 외에 사람들에게 도움이 될 만한 서적들을 찾아 읽게 되었습니다. 조언의 신뢰성을 위해서 역학공부를 게을리하면 안 되었고, 더불어 다른 분야의 공부까지 곁들였습니다. 인생의 길을 찾는 사람들에게 작은 등불이라도 되어 주어야 하는 것이 상담가의 소명임을 알았습니다.

사람들에게 도움이 되고 싶었습니다. 명확한 사주상담으로 조언을 해 주는 일이든, 공감하고 위로하는 인생 상담이 되었든 무엇이라도 도움이 되고 싶었습니다. 사무실 안에서 마주 앉은 상담 외에도 위로하고 도움이 되고 싶어서 글을 써서 보내기 시작했습니다. 월요일에는 힘찬 한 주를 시작하는 내용을 써서 보냈습니다. 상담 중에 사람들에게 도움이 될 만한 사연은 글로 엮었습니다. 당신만 힘든 것이 아니라고, 누구나 비슷한 고민을 하며 산다고, 그러니 힘내자고 말해 주었습니다. 그러다가 인생살이를 조금은 알 것 같은 내 나이가 50을 넘었고, 15년 동안 해 온 명리학 공부와 상담을 바탕으로 아랫세대에게 명리학이 무엇인가에 대해 말해 줄 것이 있을 것 같아서 책으로 엮어봐야겠다고 생각했습니다.

1장은 나의 밑바닥 이야기입니다. 사람들이 살면서 한 가지도 겪기 힘든 사건들을 모두 겪었던 이야기들입니다. 나의 경험은 사람들의 이야기에 공감을 해 줄 수 있는 마음을 갖게 해 주었습니다. 나의 경험들을 말하는 것은 힘든 일을 겪고 있는 사람들에게 위안이 되기도 합니다.

2장은 운명을 바꾸어 길바닥에서 지상으로 올라오는 이야기입니다.

당시에는 절실함으로 실천한 하나하나의 일들이 이제는 누군가에게 조언을 해 줄 수 있고 위로를 해 줄 수 있게 되었습니다.

3장은 우리 보통의 이웃들 이야기입니다. 누군가가 하는 고민들이 지난날 내가 해 본 고민일 수도 있고, 지금 하고 있는 고민일 수도 있고, 앞으로 내가 할 수도 있는 이야기들을 엮었습니다.

4장은 상담하고 공부하며 살아오면서 느끼고 실천하는 방법들입니다. 불완전한 삶을 살아온 내가 조금이라도 완전한 삶을 위해 노력해 가는 이야기들입니다. 누군가에게 "어떻게 살아라."가 아니라 내가 살아가는 모습을 보여주기로 했습니다. 자신의 운(運)바꾸기를 원하는 사람이 있다면 작은 도움이라도 되기를 바라면서 내가 실천하는 일들을 적었습니다.

방송이나 자기계발서는 상위 1%가 되는 비법을 알려줍니다. 누구나 그대로 따라 하면 금방이라도 부자가 될 것 같습니다. 상위 1%의 기준은 물론 부(富)를 기준으로 합니다. 책을 읽고 강의를 듣고 깨달았고 실천한다고 해서 모두가 상위 1%에 진입하지 않습니다.

실천한 사람들 중에서 상위 1%에 진입한 사람들은 말합니다. "운이 좋았다."라고.

우리 모두가 상위 1%가 될 수는 없습니다. 사람들 모두 상위 1%의 부를 갖는다면 상위 1%라는 말이 이 세상에 존재하지 않을 것입니다. 우리는 상위 1%의 사람들이 아닙니다. 우리는 99%의 평범한 사람들입니다. 99%의 평범한 사람들에게 상위 1%가 되라는 말은 헛구호일 뿐입니다.

99% 보통 사람들에게 필요한 것은 거창한 상위 1%가 아니라, 지금 삶보다 한 걸음만 더 앞으로 나아간 삶입니다. 지금보다 조금만 더 행복한 미래를 갖기를 원합니다.

지금보다 한 걸음만 더, 조금만 더 나은 삶을 원하는 사람들에게 이 책을 권합니다. 지금 어떤 고민에 빠져 있다면 이 책에서 다른 이들의 삶을 들여다보기를 권합니다. 그리고 공감해 주고 위로해 주고 격려해 주길 권합니다. 자신의 운명을 바꿔야겠다는 사람들에게 도움을 줄 수 있을 것입니다.

2018년 3월의 봄날
저자 김희숙

길을 묻는 인생에게

추천사

성경은 인류의 영원한 베스트셀러입니다. 하나님은 그 성경에 예수 그리스도를 모든 인생들의 답으로 보내 주셨다고 기록해 놓으셨습니다. 김희숙의 『길을 묻는 인생에게』는 저자 김희숙이 명리학의 관점에서 깨달은 보석 같은 지혜를 몸으로 기록한 "자기 체험적 고백서"입니다. 저자는 인생의 가장 낮은 곳을 온몸으로 체험하면서 겪은 사실을 이번에 한 권의 책으로 발간하게 되었습니다. 저자의 책 원고를 읽으면서 많은 감동을 느꼈습니다. 『길을 묻는 인생에게』를 읽는 모든 독자들에게도 큰 감동을 주리라 확신합니다.

- 『일어나다』, 『한국이 온다』저자, 박성배 박사

어렵고 힘들며 무엇 하나 쉽게 되는 것이 없는 세상. 지혜롭게 살아가는 방법은 없을까? 지치고 길을 잃은 삶에 활기와 지혜 그리고 진정으로 멘토가 필요하신 분이 세상에 없던 인생 고수의 마음과 지혜를 훔쳐보고 싶다면 이 책을 권한다.

- 임업후계자울산협의회장 김봉석

김희숙 선생은 사람을 사랑하는 분입니다. 책 본문에도 어느 정도 언급되어 있지만 명리학을 처음 배운 뒤에, 노상에서 상담을 시작했다 합니다. 가장 낮은 곳에서, 가장 낮은 모습으로 보통 사람들의 고와 낙을 몸으로 체험한 것이지요. 글쓰기의 가장 중요한 원칙은 정직하게 글을 쓰는 것이고 자세히 보아서 쓰는 것입니다. 김희숙 선생은 두 가지를 다 가지고 계신 분입니다. 덧붙여 사람에 대한 사랑을 가지고 계십니다.

- 영화감독 윤학렬

작가는 기막힌 사연의 골 깊은 인생을 살았다. 인생의 골짜기를 만났을 때 길거리를 지나는 우리들의 이야기를 들어주기 시작했다. 그리고 많은 책 속 작가들의 이야기를 들었다. '마음의 문을 여는 손잡이는 바깥쪽이 아닌 안쪽에 있다.'는 말을 증명하듯 듣기를 통해 우리들의 마음을 얻을 수 있었으며 자신의 인생 골짜기에서 빠져나올 수 있었다. 여기 인생 중턱 즈음하여 자신의 이야기를 시작한다. 우리네 인생에 골짜기 없는 인생이 어디 있겠는가? 이제 우리가 듣기를 시작할 때인 듯싶다.

- 대한항공사 기장 강문성

오랫동안 꿈을 그리는 사람은 마침내 그 꿈을 닮아 간다.

- 앙드레 말로

지금도 난 그 꿈을 꾼다

1. 벼랑 아래로 내려가다

"로땡이라고 있다."

"그것이 뭡니까?"

"역술가들이 가끔 택하는 방법이지. 길거리에 앉아서 지나가는 사람들의 사주를 즉석에서 봐주는 것이지."

"길거리에서요?"

"그래. 길거리로 내려가서 어려운 사람들의 고민을 풀어주다 보면 자신의 운도 풀리곤 해."

"괜찮겠네요."

"내려가는 운보다 사람이 먼저 바닥으로 가서 내려가는 운을 멈추게 하는 방법이기도 하지."

"해 보겠습니다"

"부끄럽지 않겠는가?"

"할 수 있습니다."

"길바닥에 앉아 있는 것이 여간 고생스럽고 창피한 일이 아니거든. 난 부끄러워서 아직 못 해 봤다."

"뭐 어때서요. 도둑질하는 것도 아니고 제가 공부한 것을 가지고 어려운 사람들과 저를 위해서 내려가는 것인데 할 수 있습니다."

그때까지 명리학을 몇 년이나 공부했으면서도 나에게는 학문과 삶이 별개였습니다. 명리학을 운명을 예측해 주는 학문으로만 생각했습니다. 명리학을 통해 사람들의 다양한 상담을 하면서도 내 운명은 내가 만들어 가면 된다는 자만심이 강했습니다. 그래서 치열하게 내 운명에 대해 알아보지 못했고 연구하지 않았습니다. 그래서 대비하지 못했고 내 운명을 스스로 경영하지 못했습니다. 경영할 생각이 없었으니 내 운명은 예정된 시스템대로 흘러가고 있었습니다. 자동으로 세팅된 운명에 제동도 걸고 끌고도 가야 하는데 내 의지의 개입 없이 흘러가는 데로 따라가며 살고 있었습니다. 그렇게 흘러가다 맞닿은 곳이 지하도 길바닥이었습니다.

30대 후반. 나는 아직 젊었습니다. 명리학을 공부는 했으나 철학관이라는 갇힌 공간에 앉아 있기에는 젊었습니다. 좀 더 세상을 훨훨 돌아다니고 싶었습니다. 세상에 나가 역학 공부, 인생 공부도 더 하고 싶었습니다. 경험을 더 쌓아 나이 들어 역술가의 길을 가야지 하는 마음으로 운영하던 철학관을 접었습니다. 조경수 키우기를 시작했고 나무가 자라는 것을 지켜보며 미래의 꿈도 같이 키우는 날들이었습니다. 선생님은 조경수 키우기는 아니라고 말리셨지만 나는 내가 좋아하는 일을 할 수 있다는 즐거움에 다른 말이 귀에 들어오지 않았습니다.

운명은 어느 순간 나에게 더 이상 다른 일을 하는 것을 허락하지 않았습니다.

자궁암, 이혼, 투자 실패, 파산. 다시 건강 악화로 운이 급전직하로 떨어졌습니다.

역술가의 길을 거부한 하늘의 벌이 시작되었습니다. 밤마다 베개를 적시며 울었고 죽고 싶었습니다.

아침에 해가 떠오르는 것이 두려운 나날이었습니다.

그러나 내겐 두 딸을 키워내야 하는 엄마로서의 의무가 있었습니다.

가장 낮은 곳에 내려가 남들을 도우며 내 운명을 다시 끌어올리라는 현명하신 선생님의 처방이었습니다. 땅 아래로 내려가 나의 운명에 대해 연구하고 공부하라는 말씀이었습니다.

선생님은 길거리 삶을 권하면서도 젊은 여자의 몸으로 과연 할 수 있을까 걱정하셨습니다. 난 딸들을 키워 낼 수만 있다면 어떤 일이라도 할 수 있었습니다. 화류계 일이든, 파출부 일이든 내겐 그런 것들이 중요하지 않았습니다. 난 여자가 아니라 새끼 품은 엄마였기에 길거리 삶이 부끄럽거나 두렵지 않았습니다. 그렇게 난 길거리 삶을 시작하면서 거부해 오던 역술가의 길도 받아들였습니다.

"하지요. 합니다. 이렇게 모든 길을 막고 무릎 꿇게 하시는데 더 이상 어디로 도망가겠습니까? 역술가의 길이 내게 주어진 소명이고 길이라면 한번 걸어가 보겠습니다."

나는 지하도 길바닥에 책상을 펴고 앉으며 하늘에 대고 소리쳤습니다.

새로운 출발을 지하도 길바닥에서 시작했습니다. 출발을 시작하는 보따리는 간단하고 작았습니다. 천냥마트에서 플라스틱 작은 밥상을 샀습니다. 낚시용품점에서 접이식 의자 2개를 샀습니다. 내가 뭐 하는 사람인지 알릴 작은 현수막 하나와 내가 앉아 있는 옆에 세울 수 있는 입간판 1개를 제작했습니다. 만세력, 상담노트 한 권, 볼펜 두 자루가 전부인 길거리의 삶이 시작되었습니다.

현수막을 지하도 벽면에 스카치테이프로 네 귀퉁이 붙였다가 집에 갈 때는 떼어갔습니다. 사람들이 길거리를 지나다니며 침과 오물을 쏟아 놨고 쓰레기도 버려 놨기에 그냥 길바닥에 앉을 수는 없었습니다. 길바닥은 세상의 온갖 더러움들이 가라앉아 있는 공간이었습니다.

상가 옆에서 정보지 한 묶음을 가져와 길바닥에 깔았습니다. 정보지를 한 장 한 장 넓게 펴고 그 위에 아이들 소풍 때 들고 다니는 작은 매트를 깔았습니다. 길바닥에서 콘크리트 찬기가 올라오니 방석을 한 개 깔고 플라스틱 책상을 펼치고 맞은편에 접이식 의자를 펼쳐 놓았습니다. 옆에는 멀리서도 볼 수 있도록 작은 입간판을 세워놓았습니다. 겨울에는 책상 밑에 둘 수 있는 부탄가스용 작은 손난로가 휑한 길거리에서 유일한 난방기구가 됐습니다. 사는 것이 참 간단했습니다. 나는 지하도에서 추운 겨울을 두 번, 더운 여름을 두 번 지냈습니다.

길거리라고 처음부터 내가 앉을 곳이 주어지지 않았습니다. 많은 곳에서 쫓겨 다녔습니다. 처음엔 비도 피하고 사람들이 많이 다니는 지하철 역사 안에 자리를 폈다가 교통공사 직원에게 쫓겨났습니다. 지하철 역사 밖 길거리는 노점이라고 신고가 들어가서 앉지 못했습니다. 역 주변 주차장, 번화가 상가 옆 공터, 유명한 절 입구, 야구장이 있는 공원, 사람들이 지나다니고 앉을 수 있는 곳이면 모두 찾아 다녔습니다. 가는 곳마다 텃세가 있었고 노점단속 때문에 쫓겨나기를 셀 수도 없을 만큼 반복했습니다. 겨우 찾아 들어간 곳은 구청에서 관리하는 지하도였습니다. 이미 그곳에도 장애인 할아버지가 말도 안 되는 점괘를 보며 자리를 지키고 있었습니다. 장애인 할아버지는 처음에 젊은 여자가 앉으니 호기심에서 놔두더니 나중엔 자릿세를 50만 원이나 요구하며 행패를 부리기 시작했습니다. 내가 손님과 상담을 시작하려 앉으면 할아버지는 평소 짚고 다니는 지팡이를 휘두르고 고함을 치며 위협했습니다. 결국 원하는 자릿세를 주고서야 할아버지는 잠잠해져서 떠났습니다. 돈을 챙겨 떠난 뒤로도 구청에 노점 신고를 자주 해서 나의 영업을 방해했습니다. 세상 사는 일이 쉬운 것이 하나도 없었습니다. 그래도 길바닥이지만 나만의 자리가 생겼습니다.

그때까지의 삶은 언제 어디까지 내려갈지 바닥을 모르는 내리막에 전전긍긍하던 벼랑 끝의 삶이었습니다. 막상 모든 것을 내려놓으며 벼랑 아래라는 극단의 상황에 처하니 차라리 고민은 없어졌습니다. 오히려 새로운 출발을 결심하게 되었습니다. 이제 올라가기만 하면 되는 것이었습니다. 내려 선 벼랑 아래에서는 오히려 긍정적이 되었고 정말 작은 것 하나라도 감사하게 되었습니다. 운명은 빼앗아 가는 것도 있지만 그만큼 채워주는 것도 있었습니다. 운명은 고통과 상처로 문 하나를 닫으며 새로운 다른 문을 만들어 놓고 우리가 열고 들어오기를 기다리고 있었습니다.

2. 지금도 난 가끔 이런 꿈들을 꾼다

우리의 운명은 수많은 아픔과 상처를 씨줄과 날줄로 엮어 놓았습니다. 내가 누군가에게 상처를 주기도 하고 누군가에게 상처를 받기도 합니다. 상처를 받기만 하면서 사는 사람은 없습니다. 누구나 상처를 주고받으며 살지만 부모에게 받은 상처는 가장 가혹합니다. 부모는 우리가 선택할 수 없는 가장 강한 숙명이기 때문입니다.

'고향집 옆 담을 힘겹게 넘는다. 발이 잘 떼어지지 않는다. 아래에서 누군가 끌어내리는 것 같다. 어린 내가 오르기에는 담이 높다. 그래도 빨리 도망가야 한다. 금방이라도 아버지가 잡으러 올 것 같다. 몇 번을 시도한다. 땀을 뻘뻘 흘리며 겨우 담을 넘는다. 옆집 마당을 가로질러 죽을힘을 다해 달린다. 다시 담을 넘는다. 온몸이 땀투성이다. 이제 친구네 밭이다. 냅다 달린다. 빨리 도망가야 한다. 저기 아버지가 오고 있다. 발이 물에 젖는 줄도 모르고 냇물을 건너서 들깨 밭으로 숨는다. 아이 키만 한 들깨들 사이에 웅크리고 앉아서 최대한 눈에 띄지 않게 숨는다. 잡히면 큰일이다. 가슴이 두근두근 숨쉬기가 힘들다.'

'안방에 아버지가 계신다. 나는 집 모퉁이에 숨어 있다. 금방이라도 아버지가 모퉁이를 돌아 나를 잡으러 나오실 것 같다. 저 마당을 가로질러 뛰어나가야 밖으로 도망칠 텐데 안방에서 마당과 대문이

훤히 보인다. 내가 보이면 아버지는 달려 나와 나를 잡을 것이다. 잡히면 죽는다. 무섭다. 숨이 안 쉬어진다.'

'마당에 아버지가 들어선다. 집 안은 어둡고 조용하다. 얼른 옆집으로 피한다. 담 너머로 집안 분위기를 살핀다. 아버지가 방 안으로 들어가신다. 집 밖에서 집 안 동태만 살피며 서성인다. 숨도 제대로 쉬지 못한다. 갑자기 방 안의 물건들이 마당으로 쏟아진다. 아버지가 화가 난 것이다. 냅다 도망간다. 어딘지 모르겠다. 아랫마을을 지난 것 같다. 다리도 건넜다. 논도 지났다. 무조건 달린다. 춥다. 무섭다. 온몸에 땀범벅이 된다.'

아버지에게 맞지 않기 위해 쫓기는 꿈들입니다. 꿈을 꾸고 나면 온몸에 힘이 쭉 빠졌습니다. 방송에서 아이들 가정폭력에 대한 기사를 접할 때면 부쩍 더 꿉니다. 운명에 대해 알지도 못하던 어린 시절부터 운명은 내게 가혹했습니다.

나의 아버지는 의처증과 노름, 가정 폭력을 일삼았습니다. 밤마다 안방에서 어머니의 목을 조르고 방 벽 여기저기에 어머니 머리채를 끌고 다니며 박고 발로 온몸을 짓밟았습니다. 손에 잡히는 것이면 뭐든지 흉기가 되었습니다. 나는 밤마다 어머니에 대한 아니 우리에 대한 아버지의 폭력을 겪으며 당장 아버지를 죽이고 싶은 충동을 강하게 느꼈습니다. 언젠가는 내 손으로 아버지를 살해하리라 다짐하는 나날을 보냈습니다. 아버지를 죽이고 감옥에 가서라도 이 지옥을 끝내고 싶었습니다. 분명히 국가에서는 날마다 가족에게 폭력을 행사는 아버지를 죽인 나에게 큰 벌은 주지 않으리라 생각했었습니다. 아버지는 어머니만 때리는 것이 아니었습니다. 어린 우리들에게도 무차별 폭력이 가해졌고 어머니는 온몸으로 어린 자식들을 향한 매질을 대신 막아내셨습니다.

초등학교에 다니던 어느 날, 뒤뜰에서 소꿉놀이 중이던 내게 아버지는 칼을 던지셨고 다행히 머리 한쪽만 치고 칼이 날아갔습니다. 나에게 칼 맞고 죽으라고 던지셨을까요. 피가 터졌지만 아프다는 말조차 할 수 없었습니다. 다음에 들어올 매질이 무서웠습니다. 난 머리에 붕대를 감고 다음 날도 학교에 갔습니다. 결석하면 또 맞으니까. 지금도 머리 흉터는 그날의 공포를 기억하게 합니다.

평소에 비염이 심하여 숨 쉬기가 쉽지 않았습니다. 아버지는 내가 숨소리를 크게 낸다고 때렸습니다. 자식들 중에서 제일 큰 자식인 나는 집안일을 잘 못한다고 때렸습니다. 동생들이 잘못하면 큰놈이 동생들 대신에 맞아야 한다며 때렸습니다. 같은 동네에 사시는 할머니 집에서 놀다가 오면 늦게 온다고 때렸습니다. 어쩌다 집 밖에 나가 놀면 나가서 논다고 때렸습니다. 학교에서 시험을 치면 틀린 개수대로 맞았습니다. 밥을 먹다가 밥상이 언제 날아갈지 모르니 씹지도 못하고 음식을 넘겨야 하는 생활이었습니다. 해가 지는 오후가 되면 오늘 밤엔 어떤 트집으로 매질이 시작될지 몰라 온 식구가 전전긍긍했습니다. 날마다 해가 지는 오후가 되는 것이 두렵고 무서웠습니다. 학교를 마치고 집에 들어가는 시간이 제일 싫었습니다.

중학교 2학년 때부터 심장 쪽이 조여드는 증상이 시작되었습니다. 숨이 가쁘고 아팠으나 아프다는 말도 못 했습니다. 어머니도 날마다 가슴 졸이는 생활이 계속되니 심장이 약해지기 시작했고 결국엔 심장 수술을 하셨습니다. 중학교 3학년말. 학생주임 선생님께서 인근고등학교에 3년 장학생으로 선발되었다며 축하해 주실 때 전혀 기쁘지가 않았습니다. 그 고등학교에 다니려면 다시 3년을 아버지 밑에서 지옥 생활을 더 해야 하기 때문입니다. 고민하다가 결국 난 고생스럽더라도 아버지 매질에서 벗어나 스스로 돈을 벌어 학교 다니는 방법을 택해 고향을 떠나기로 했습니다. 부산으로 오는 계기가 되었습니다.

중학교 졸업식 날. 졸업식 참석을 위해 고향에 찾아갔지만 집에는 들어가지 못했습니다. 졸업식 참석하러 왔다고 맞을 것이기 때문입니다. 막상 졸업식에도 참석하지 못했습니다. 혹시 동네 사람들 눈에 띄어 내가 왔더란 말이 아버지 귀에 들어갈까 봐 무서웠습니다. 아버지 귀에 들어가면 어머니에게 매질하는 빌미가 될 것이기 때문입니다. 학교 한 귀퉁이에 서서 친구들의 졸업식, 아니 나의 졸업식이 열리는 강당만 쳐다보았습니다. 졸업사진 한 장 못 찍고, 친구들과 선생님들에게 인사도 전하지 못했습니다. 친구들의 졸업식을 멀리서 바라보다가 무거운 발길로 부산으로 돌아왔습니다.

명절날, 객지로 떠나 있던 자식들이 집으로 돌아가는 명절인데 무슨 일이 있겠나 싶어 어린 마음에 들뜬 기분으로 고향에 갔습니다. 그러나 따뜻한 밥 한 그릇도 먹지 못하고 집에 들어선 날 밤 또다시 매질을 시작하기에 맨몸으로 도망쳐 나왔습니다. 동네 어귀 집 처마 밑에 쪼그리고 앉아 날이 밝기를 기다렸습니다. 주머니에 돈이 없어 터미널에서 구걸하여 부산행 버스표를 겨우 샀을 때는 눈물조차 나오지 않았습니다.

타지에서 생활이 외롭고 가족에 대한 사랑이 그리워서 남들보다 이른 결혼을 했습니다. 그러나 난 남편을 데리고 단 한 번도 친정 고향에 갈 수가 없었습니다. 남편 앞에서 아버지는 또다시 폭력을 사용할 것이고, 매 맞는 어머니의 모습을 남편에게 보여주기 싫었기 때문입니다. 그 당시에 남편이 가끔 나를 때렸기 때문에 아버지의 폭력을 보면서 "장인도 장모 때리던데." 하면서 내게 자신의 폭력을 정당화할까 봐 두려웠습니다.

40년이 지난 지금도 난 아버지에게 필사적으로 쫓기고 도망가고 숨고 가슴이 조여드는 무서운 악몽을 꿉니다. 운명 중에 힘이 센 것이 우리가 선택할 수 없는 숙명입니다. 숙명은 주어진 것이고 바꿀 수도 없는 것입니다. 숙명에 속하는 부모가 나약한 어린 자식들에게 가하는 폭력은 상처라는 단어로 표현하기엔 가볍습니다. 운명 속에 존재하는 비극이 가정 폭력입니다.

내 사주팔자에서 아버지의 모습은 일그러진 모습입니다. 나와는 원진이라는 기운으로 놓여 있어서 결코 가까이할 수 없는 모습을 하고 있습니다. 정신적 결함을 가지고 있는 자리에 아버지가 놓여 있습니다. 이 글을 쓰면서 돌아가신 아버지의 사주를 처음으로 살펴봤습니다. 혹시 아버지의 사주에도 그런 기운이 놓여 있지 않을까 확인하기 위해서입니다.

역시 아버지의 사주에서 귀문이라는 강력한 기운을 찾을 수 있었습니다. 의처증에 술만 먹으면 귀신에 썰 듯 폭력을 드러내는 아버지의 모습이 사주팔자에 고스란히 담겨 있었습니다. 사람이 살아가는 데 첫 번째로 영향을 미치는 인간관계가 부모입니다. 부모의 영향력은 최소 20년 정도 지속됩니다. 가장 큰 숙명입니다.

3. 날마다 저녁 8시에 어디 가세요?

궁합이 있습니다. 서로가 맞는 상대인지 알아보는 기준이 궁합입니다. 궁합은 남녀 관계뿐 아니라 모든 인간관계에 존재합니다. 사람들은 자신들과 맞는 상대, 즉 궁합이 맞는 상대를 찾습니다. 그냥 좋은 사람이 있습니다. 끌리면서 호감이 가는 것입니다. 또 나와 아무 관련도 없는데 그냥 싫은 사람도 있습니다. 왜 그럴까요? 사람은 주변과 기 에너지를 주고받는데, 궁합이 좋은 사람끼리는 기 에너지가 잘 맞는 상태인 것입니다. 나쁜 궁합은 기 에너지가 어긋난 상태입니다. 그래서 결혼을 앞둔 남녀는 궁합을 보며 서로가 맞는지 알아봅니다. 기업체에서 직원을 뽑을 때도 회사와 얼마나 어우러지고 화합하는지 궁합으로 살펴보기도 합니다.

사람이 살아가면서 인생의 가장 큰 변곡점을 나타내는 관계가 배우자입니다. 배우자를 만나기 전의 삶과 배우자를 만난 후의 운명은 확연히 달라집니다. 나만의 사주팔자에 다시 네 개의 기둥과 여덟 글자를 가진 나와는 다른 사주팔자가 합쳐지면서 내 사주팔자와 운명을 흔드는 사건이 배우자를 만나는 일입니다. 누구를 만나느냐는 그래서 중요합니다.

나는 어린 나이에 결혼하면서 궁합에 대해 알지 못했습니다. 남편과 내가 얼마나 화합할 수 있고 이해하고 배려할 수 있는지 살펴보지 못했습니다. 같이 살면서 두 사람이 노력하면 행복한 결혼 생활이 될 것이라는 막연한 생각만 있었습니다. 나의 막연한 생각은 결혼=행복이었습니다.

어느 날부턴가 저녁을 먹고 난 후 남편이 옷을 챙겨 입고 나갔습니다. 시계를 보면 저녁 8시 무렵이었습니다. 어디를 간다는 말은 없었습니다. 날마다 비슷한 시각에 나가는 것이 한 달도 넘었습니다. 매일 밤 어디를 가는 걸까. 처음엔 같이 일하는 사람들과 막걸리나 한 잔하는 줄 알았습니다. 그러나 매일 나가는 것이 이상했습니다. 누가 매일 남편과 어울려 술을 마신단 말인가. 새벽이 되어서 현관 문소리가 났습니다. 남편이 돌아왔나 보다 생각하며 잠이 깨었습니다. 화장실 가려고 거실로 나오니 남편 방에 불이 켜져 있었습니다. 불을 켜놓고 자나 보다 싶어 불을 꺼주려고 문을 여니 화들짝 남편이 놀랐습니다. 누군가랑 문자 중이었습니다. 얼른 문을 닫아주었습니다. 이 새벽에 누구랑 문자를 주고받는 걸까?

남편 친구 부부모임에 참석을 하곤 했었습니다. 평소처럼 모임 후반에 남편이 친구들과 편하게 시간 보내도록 먼저 집에 돌아가려 하니까 남편 친구 중 한 분이 나를 붙잡았습니다.

"선미 엄마. 친구만 놔두고 가지 말아요. 곁에서 감시 잘하셔야 합니다."

"무슨 감시요? 제가 감시해야 할 만큼 나쁜 짓들 하고 다니세요?" 농담으로 받았습니다.

"고향 친구들 모임인데 여자들이 끼어 있으면 불편하시니까 먼저 자리 피해 드리는 거예요. 오랜만에 만났으니 좋은 시간들 보내세요."

"그래도… 자꾸 친구 혼자 맘대로 시간 보내게 두면 안 됩니다."

그때는 그 말이 무슨 뜻인지 몰랐습니다. 친구들은 이미 남편 여자의 존재를 알고 있었고 몇 번을 같이 어울려 놀기도 했었던 것 같았습니다. 그 뒤로 살펴보니 남편의 행동이 거의 정신없는 사람 같았습니다. 어딘가 붕 떠 있는 느낌이었습니다. 정신이 어느 곳엔가 푹 빠져 있는 것 같았습니다. 집안 대소사랑 애들 일도 도통 관심도 없고 집 바깥에서만 시간을 보냈습니다. 남편에게 뭔가가 있구나 싶은 직감에 남편의 핸드폰을 열어봤습니다. 한 사람과 꾸준히 문자를 주고받고 통화를 한 내역이 보였습니다. 문자함을 열어 봤더니 '여자'였습니다!

구구절절 애틋한 남녀의 마음들이 문자로 오고 갔습니다. 문자들을 읽으며 한편으론 나이 먹어 이런 남녀의 뜨거운 감정이 생기는 남편이 부러웠습니다. 그동안 밤마다 외출과 주말의 부재들. 새벽까지 주고받은 문자들이 한순간에 설명이 되었습니다. 일단 여자의 전화번호를 메모해 두고 남편에겐 모른 척했습니다.

"선미 아빠에게 여자가 생긴 것 같아요. 밤마다 나가서 새벽에나 들어오고 문자한다고 잠도 안 자요. 저렇게 잠도 안 자면서 어떻게 일은 하는지 모르겠어요."

시댁 형님과 아주버님들에게 넌지시 남편의 바람을 알렸습니다.

"제수씨에게는 제 동생이 부족해 보일지 몰라도 그 부족한 부분이 다른 여자 눈에는 멋있어 보일 수 있어요. 그래서 남자가 바람이

나는 겁니다."

　사촌 아주버님은 같은 남자여서인가, 같은 형제여서일까, 남편 입
장이 되어 남편의 바람에 대한 이유를 내게 말했습니다.

　"동서야. 자네가 집에서 따뜻하게 삼촌을 대했으면 삼촌이 다른
여자를 만나겠나? 자네가 집에서 잘 못 해주니까 남자가 밖으로 도
는 거야."

　남편의 큰형수, 즉 나의 큰동서께서는 남편의 바람이 결국에 내가
잘해주지 못해서였다고 말했습니다. 시댁 식구들에게 남편의 바람은
내 탓이었습니다.

　남편이 여자를 만나기 시작한지 6개월쯤 되었을 때쯤 내게 물었
습니다.

　"우리 집 한 달 생활비가 얼마나 드는가?"

　"예? 결혼 생활 10여 년을 살면서 한 번도 우리 집 생활비에 대해
관심 없더니 갑자기 왜 궁금하세요?"

　"아니 그냥 물어보네."

　남편은 말꼬리를 흐렸습니다.

　이건 아니다 싶었습니다. 그동안 얼마나 어렵게 생활을 꾸려 가
는지 모른 척하더니 갑자기 왜 우리 집 생활비가 궁금해졌을까. 여자
때문인 것 같았습니다. 여자를 만나는 것은 알겠는데 여자에게 돈까
지 연결되는 것은 싫었습니다. 나는 자식을 키워내야 했습니다. 남편
이 그 여자와 돈으로 연결되기 전에 방법을 찾아야 했습니다. 남편에
게 내가 당신의 여자 존재를 알고 있노라 터놓으며 그 여자를 만나게

해 달라고 했습니다. 처음엔 아니라고 펄쩍 뛰었으나 많은 시간 설득하였습니다. 드디어 남편이 여자에게 전화를 하게 해서 만나기로 약속을 잡았습니다. 물론 여자에게는 내가 나간다는 말은 하지 않았습니다.

둘이 자주 만나는 찻집인 것 같았습니다. 들어서니 두 사람이 앉아 있었습니다. 나란히 앉아서 자연스럽게 얘기 나누고 있는 맞은편에 앉았습니다. 여자는 놀라고 어리둥절한 모습이었습니다. 약간 살집이 있는 젊은 여자였습니다.

"안녕하세요. 내가 이 사람 와이프입니다. 제 남편 만나는 줄 압니다. 두 분 만나는 것 저는 괜찮습니다. 앞으로도 잘 지내세요. 제 남편이 많이 외로운 사람입니다. 행복하게 해 주세요."

딱 그 말만 하고 일어섰습니다. 두 사람의 어떤 말도 듣지 않고 바로 일어섰습니다. 그곳의 찻값을 계산하고 먼저 나왔습니다. 집에는 시댁 식구들이 모여 있었습니다. 그날은 시댁 식구들이 우리 집에 모여 식사하는 날이었습니다. 아무 일 없었다는 듯이 시댁식구들을 위한 음식을 마련하고 평소처럼 웃고 떠들었습니다. 어느 정도 시간이 지나니 남편이 집으로 들어섰습니다. 그 뒤로 난 그 여자에 대한 말은 하지 않았습니다.

운명의 인연이라는 단어를 쉽게 사용하는 곳이 남녀인연입니다.

이상적인 운명의 조합을 알기 위해 궁합이라는 수단도 동원하며 서로에 대해 알아보려고 노력합니다. 연인들은 서로 사랑을 하고 만난 것 자체가 운명이라며 의미 부여를 합니다. 특히 결혼은 운명의 인연이 만들어 준 아름다운 결정체입니다. 결혼은 남편과 부인이라는 두 개의 기둥이 하나의 집을 완성해 가는 것과 같습니다. 각기 다른 사주를 가진 양쪽의 기둥이 균형을 이뤄야 반듯한 집이 완성됩니다. 한쪽의 기둥이 흔들리기라도 하면 그 집은 금세 금이 갑니다. 한번 금이 가기 시작하면 집은 무너지기 쉽습니다.

남편이 다른 여자를 만나는 이유는 수십 가지일 수 있습니다. 그중에 아내인 나의 잘못이 많은 부분 포함되어 있을 것입니다, 또 아내만이 남편의 운명적 인연이 아닐 수도 있습니다. 운명의 소울 메이트가 꼭 배우자가 되라는 법은 없습니다. 될 수 있으면 내 배우자가 나의 소울 메이트이길 바랄 뿐입니다. 운명적 사랑이 꼭 해피엔딩으로 끝나지 않습니다. 운명을 알지 못하고 선택한 인연은 언젠가는 운명의 운전대 방향을 바꾸게 됩니다. 운명을 모른 채 시작한 나의 결혼 생활은 그렇게 방향을 바꾸었습니다.

4. 보호자 사인이 필요합니다

"환자분! 수술하시려면 보호자 사인이 필요합니다."

간호사가 당연한 듯 건네는 말에 갑자기 당황스러웠습니다.

"저어… 혼자 왔는데요. 어떡하죠?"

"네? 수술하셔야 하는데 보호자도 없이 혼자 오셨어요?"

"네. 혼자 왔습니다."

"연락하실 분 없으세요?"

"네. 남편은 멀리 있어서 연락할 사람이 없어요. 제가 사인하고 수술하면 안 될까요?"

수술동의서에 내 이름을 적고 수술실로 가는데 쏟아지는 눈물이 멈추지 않았습니다. 결국 난 혼자 암 수술을 받았습니다.

"이봐요! 이봐요!"

길을 지나던 낯선 아줌마가 나를 잡아 세웁니다.

"네? 저요? 무슨 일이시죠?"

"아니, 그냥 지나갈까 하다가 아줌마 얼굴이 보기에 하도 딱해서 고민하다가 불렀어요."

"아. 네. 제 얼굴이 보기에 좀 그렇죠."

"아유. 많이 아프겠어요."

"괜찮아요. 그런데 무슨 일로…."

"아참, 내가 아는 처방이 있는데 한번 써 봐요. 젊은 사람이 얼굴이 그래서 어떻게 살아요." 낯선 아줌마는 내게 이것저것 한약재며 병원, 약국 등을 알려주고 가셨습니다.

그 당시 아침에 세수를 하고 고개를 들면 핏물이 손에 가득 고였습니다. 거울을 쳐다보며 피가 흐르는 곳을 세어 봤습니다. 어떤 날은 무려 열한 곳에서 흘렀습니다. 피를 조심스레 닦아내고 연고를 발랐습니다. 피가 쏟아진 곳은 붉게 부어 있었습니다. 전에 피가 쏟아진 곳은 딱지가 앉고 있었습니다. 피가 한 번이라도 흐른 자리는 흉터로 남았습니다. 피고름이 올라오는 곳엔 욱신욱신 아프며 열이 났습니다. 그러고 나면 며칠 뒤에 피가 쏟아집니다. 얼기설기 얼굴 전체에 흉터 자국이 가득했습니다.

사춘기 시절도 여드름 없이 지났는데 어느 날 갑자기 얼굴 여기저기에서 피가 쏟아졌습니다. 내과, 피부과, 한의원, 피부 관리실, 천연 화장품, 수입 화장품 등등. 얼굴이 나을 수만 있으면 먹고 치료하고 바르고 안 해 본 것이 없습니다. 오죽했으면 길 가던 사람조차 나를 잡아 세워 치료에 도움 되는 약이라며 알려줄 정도로 매일 매일 얼굴에서 피가 쏟아져 내렸습니다. 그동안 치료해 본 처방전들을 모으면 책 한 권은 쓸 수 있겠다 싶었습니다. 마음의 병이 온몸을 괴롭히며 얼굴로 품어내고 있었습니다.

우리 집은 아파트 21층이었습니다. 21층에서 아래를 내려다보면 아득히 바닥이 보였습니다. 뛰어내리는 순간 양 어깨에 날개가 나와 훨훨 날아갈 것 같았습니다. 죽는다는 생각은 들지 않았습니다. 왠지

속이 확 트일 것 같아서 뛰어내리고 싶은 충동을 날마다 셀 수도 없이 느꼈었습니다. 운전해 가다가 갑자기 퍽 하고 눈물이 솟기도 했습니다. 그럴 때는 눈물 때문에 운전이 불가능했습니다. 차를 길옆에 세우고 펑펑 소리 내며 실컷 울었습니다. 길을 걷다가도 길바닥에 철퍼덕 주저앉아 펑펑 울었습니다. 지나가는 사람들이 쳐다보고 지나갔습니다. 시도 때도 없이 눈물이 흘렀습니다. 우울증이랍니다. 결국은 정신과 치료를 받았습니다.

음식이 목에 걸려 넘어가지 않았습니다. 온몸이 음식을 거부했습니다. 몸이 음식을 일체 받아들이지 않았습니다. 노란 위액만 자꾸 토해냈습니다. 석 달을 물만 먹고 살았습니다. 먹지 못하니 보고 말하고 듣고 숨 쉬는 일상생활이 어려웠습니다. 기력이 없으니 눈을 감은 채 두꺼운 이불을 덮어쓰고 가만히 누워 지내야만 했습니다. 숨만 겨우 까닥까닥 살아 있는 송장이었습니다. 살은 빠져 뼈에 가죽만 붙어 있는 듯했습니다. 세상을 살면서 뜻하지 않은 일들이 일어날 때 우리는 하늘에 대고 "왜 내게?"라고 묻게 됩니다. 그중에서 가장 절망스럽게 느껴지는 것이 건강이 무너졌을 때입니다.

"내가 왜 이런 고통을 겪어야 하느냐."고 누구에게라도 따지고 싶은 것입니다. 내가 이렇게 아프다고 누군가 알아줬으면 하는 것입니다.

어릴 때부터 소화력이 약해서 제대로 된 음식을 먹을 수가 없었습니다.

아버지 밑에서 가정폭력으로 가슴 졸이는 시간들을 보내며 심장이 약해져 있었습니다. 그리고 평범하지 않은 결혼 생활 스트레스로 몸 안에 최악의 덩어리를 만들고 있었던 것입니다. 나는 온몸으로 삶의 스트레스를 병으로 만들어 내고 있었습니다. 그러면서도 나는 병에 대해 무지했습니다. 왜 내 몸이 여기저기 어긋나고 있는지 살펴보지 않았습니다.

몸이 삶의 터전이라는 것을 몰랐습니다. 병이 삶의 터전에서 생겨난 결과물이라는 사실을 깨닫지 못했습니다. 나는 이 모든 것들이 운명이라는 생각조차 하지 못했습니다. 내가 알아채지 못하고 있으니 운명은 나를 끌고 가고 있었습니다. 운명을 내가 끌지 않으면 운명이 나를 끌고 간다는 사실을 몰랐습니다. 난 운명에 대해 무지했고 운명에 대해 자만했습니다.

내 사주를 살펴보면 암으로 인한 질병을 암시하고 있습니다. 분명히 공부를 하면서 지식으로는 알고 있었습니다. 내 몸에 적용시킬 생각을 못 했을 뿐입니다. 정신적 질환, 즉 우울증을 앓을 수 있는 사주였습니다. 온몸으로 모든 걸 겪어낸 후에야 명리학이라는 공부가 실존적 삶 속에 들어 있다는 것을 알았습니다. 지금은 알고 있으니 조심스럽게 병들을 다스릴 수 있습니다.

나와 함께 있는 몸이지만 호되게 아프고 난 후에야 내 몸에 대한 공부를 하기 시작했습니다.

5. 내 꿈은 친정 엄마

"장래에 되고 싶은 꿈이 뭘까요?"

학교 다닐 때 선생님들의 단골 질문이었습니다.

선생님, 의사, 변호사, 과학자, 사업가, 대통령….

객지 생활의 큰 외로움으로 가족의 사랑이 필요했던 나는 13살 차이의 남자와의 결혼을 선택했습니다. 스무 살의 어린 신부는 결혼식 준비를 어떻게 해야 할 줄 몰랐습니다. 시골에서 아버지가 나의 결혼 소식을 듣고 시댁 어른들을 만나러 부산에 오셨습니다. 부산에 오신 날 밤. 아버지는 남편의 매형을 시댁 대표로 만나셨습니다. 그리고 고향으로 돌아가셔서 아무도 내 결혼식에 참석하지 말라고 엄포를 놓으셨습니다. 남편 매형의 어떤 말이 아버지의 기분을 나쁘게 했다는 이유였습니다. 그러나 아버지는 어떤 이유를 대서라도 나의 결혼식에 참석하지 않았을 것입니다. 아버지의 난폭한 성격을 주위에서 알기에 나의 엄마는 꼼짝도 할 수 없었습니다. 친정 엄마 없이 준비하는 결혼은 그저 시댁 어른들이 해 주시는 대로 따를 수밖에 없었습니다. 결혼식 날, 사람들이 북적이는 결혼식장에 친정 식구는 한 명도 없었습니다. 하얀 웨딩드레스를 입고 웃고 있었지만 친정식구가 한 명도 참석하지 않은 결혼식을 치르며 얼마나 많은 눈물을 삼켜야 했는지 모릅니다.

첫 아이 출산 날, 아침부터 진통이 시작되기에 회사에 있는 남편을 불렀습니다. 급하게 달려온 남편과 함께 산부인과로 향했습니다. 오전 10시쯤 병원에 도착해 복도에서 기다리다가 11시 55분에 자연분만으로 첫 딸을 낳았습니다. 아이 낳고 3시간 후 남편은 우리를 퇴원시켜서 택시에 태웠습니다. 남편은 갓난아기와 나를 집에 데려다 놓고 다시 회사로 돌아갔습니다. 혼자 남겨진 어린 산모는 앞이 막막했습니다. 일단 내 손으로 미역국을 끓였습니다. 자꾸 눈물이 났습니다. 이럴 때 엄마가 있었으면 좋겠습니다. 엄마가 있었으면 아기 낳은 날 바로 산모를 퇴원시키지도 않았을 것입니다. 엄마가 있었으면 미역국도 끓여주고 아기도 씻겨주었을 것입니다.

그날부터 내 꿈은 친정 엄마가 되었습니다. 같은 동네 사시는 시어머님은 딸을 낳았다고 오시지 않았습니다. 그렇게 회사로 돌아간 남편은 퇴근 후에 여느 날처럼 친구들과 술을 마시다가 밤 12시가 넘어서 돌아왔습니다. 갓난아기와 산모가 집에 있다는 사실을 잊었나 봅니다.

출산 후 며칠 동안은 산부인과에 치료 받으러 다녀야 했습니다. 산모는 출혈이 있으니 병원에서 치료를 받아야 한다고 했습니다. 입원해 있었으면 자연스럽게 치료 받을 수 있었을 것입니다.

병원에 가야 하는데 병원 다녀올 동안 아기를 봐 줄 사람이 없었습니다. 같은 동네 사시는 시어머니는 딸 낳았다고 들여다보지 않으시고, 친정 엄마는 의처증인 아버지 때문에 내게 와 볼 수가 없었습니다. 결국 갓난아기 혼자 집에 놔둘 수밖에 없었습니다. 갓난아기를 혼자 방에 뉘여 놓고 방문을 잠그고 집을 나서는데 얼마나 울었는지 모릅니다. 그 뒷날부터 병원 치료는 아기를 혼자 놔둘 수 없어서 하루만 다녀오고 포기했습니다.

어릴 때 가정폭력에 시달리며 평범하게 자라지 못했습니다. 언제나 마음 졸이며 여기저기 아버지의 폭력을 피해 도망 다니는 시간들은 내게 미래를 꿈꾸는 것조차 사치로 여겨지게 했습니다. 하루하루 살아가는 것이 지옥인 어린 시절이었습니다. 객지생활의 외로움에 선택한 남보다 이른 결혼 생활은 다시 외로움의 시작이었고 더 깊은 외로움을 안겨줬습니다. 어린 시절은 나에게 꿈이라는 것이 있는가라는 질문조차 생각할 여유가 없었습니다.

딸들을 키우며 난 처음으로 간절한 꿈을 꾸기 시작했습니다. 내 딸들에겐 평범한 삶을 살게 해야겠다는 꿈을 꾸기 시작했습니다. 엄마 아빠가 있는 평범한 가정에서 부모의 사랑을 듬뿍 받고 자라게 하고 싶었습니다. 딸들을 위해 그때부터 나의 모든 것을 내려놓았습니다. 꿈을 꾸기 시작하면서 남편과의 부부 싸움을 한 번도 하지 않았습니다. 딸들이 부모에게 어리광도 맘껏 부리고 떼도 써보고, 친구들과도 어울리며 자랄 수 있게 하고 싶었습니다. 학교도 원하는 곳까지 보내주고 여대생으로서 낭만을 즐기며 살게 하고 싶었습니다. 직장 잡아 사회생활을 시작하면 곁에서 든든한 기둥이 되어 주고 싶었습니다. 연애할 때 엄마로서 조언도 해주고 싶었습니다. 결혼할 때는 엄마가 옆에서 같이 준비해 주고 친정 식구들의 축하가 가득한 결혼식을 하게 하고 싶었습니다.

딸들이 아이를 낳으면 친정 엄마 곁에 누워 맘 편히 몸조리도 해

보고 아이 키우는 것을 차근차근 가르쳐 주고 싶었습니다. 많은 사람들이 평범하게 그냥 살아가는 삶의 과정들이 내겐 간절한 꿈이 되었습니다. 내 꿈을 이루기 위해, 내 딸들을 위해 난 가정이라는 울타리를 지켜내려 죽을힘을 다해 노력했습니다. 몸과 마음의 병을 앓아가면서도 노력했습니다.

그러나 난 평범한 가정에서 딸들을 키워내는 내 꿈을 스스로 포기했습니다. 2차 암 수술할 때 보호자 사인이 필요하다는 말이 내 머리를 때렸습니다. 차가운 수술실에 혼자 들어갈 때 '이건 아니다.'라는 생각을 했습니다. 부부가 무엇입니까? 다른 때는 몰라도 아플 때 서로 보호자가 되어 곁을 지켜주는 것이 부부의 기본이 아닐까 하는 생각을 했습니다. 아플 때조차 곁을 지켜주지 못하는 사람이라면 인연을 끝내도 괜찮을 것 같았습니다. 나는 처음으로 꿈꿔 본 '평범한 가정에서 아이들 키우기'를 이혼이라는 절차로 포기했습니다. 이혼은 불완전한 나의 삶에 대한 이별이었습니다. 스스로의 힘으로 완전한 꿈을 이루리라 다짐했습니다.

내 사주에 남편 그릇은 약합니다. 그러나 남편 그릇이 내 사주에 일찌감치 자리 잡고 있으니 난 일찍 결혼을 하는 사주입니다. 흘러가는 대운도 일찍 결혼을 성사시키는 운을 지나고 있었습니다. 나는 나도 모르게 세팅된 운의 작동법대로 따라가고 있었습니다.

남편의 자리는 내가 있는 자리와 멀리 떨어져 있는 모습입니다. 부부 해로가 쉽지 않은 사주인 것입니다. 사주에는 부부 자리가 있습니다. 나의 사주 속 부부 자리는 원진이라는 기운과 공부라는 기운으로 가득 차 있습니다. 내 남편이 김 군이 되든지, 이 군이 되든지, 박 군이 되든지 난 일찍 결혼하고 자식을 낳고 기르다가 생리사별을 겪어야 하는 구조입니다. 결국 내 남편의 역할은 자식 생산을 하고 나면 제 역할을 다했다고 물러나는 모습을 하고 있습니다. 실제 결혼 생활도 그리하였으니 누구를 원망할 수도 없습니다.

남편의 사주와 내 사주를 놓고 부부 궁합을 보면 음양이 맞지 않습니다. 부부 자리가 둘 다 불안하게 생겼습니다. 별거와 이혼할 때는 명리학 공부 중이어서 남편과의 이별을 담담하게 받아들일 수 있었습니다. 우리 부부의 이혼은 서로 누구의 탓도 아니었습니다. 알면 보이고 인정하면 받아들일 수 있습니다.

1장. WHY? 지금도 난 그 꿈을 꾼다

어디까지 내려가야 운명의 바닥에 닿을 수 있을까요.

나는 나무에 관심이 많고 좋아합니다. 나무를 좋아하다 보니 나무 키우는 사람들에게도 관심을 가지게 되었습니다. 나무 관련 카페에 등록해서 모임에도 나가며 나무에 대한 상식을 쌓고 다녔습니다. 전국의 조경수 키우시는 사람들을 만나고 다니며 나도 조경수를 키워 보고 싶어졌습니다. 미래 산업으로 조경수 사업이 전망 있어 보였습니다. 마침 화순에 친정 엄마가 살고 계셨습니다. 친정 엄마와 같이 사시는 아저씨에게 의논하여 땅도 빌리고 묘목도 사다 심고 하우스도 만들었습니다. 조경수가 자라서 돈이 되기 시작하면 나도 부산에서 화순으로 근거지를 옮길 계획이었습니다. 노후를 시골에서 조경수 키우며 살아갈 꿈을 꿨습니다.

처음엔 가볍게 시작했으나 시간이 지나면서 조경수 키우기에는 생각보다 많은 투자금이 들어갔습니다. 조경수 키우기뿐만 아니라 농촌일이라는 것이 자금이 꾸준히 들어가는 일이라는 것을 알게 되었습니다. 포크레인 한 번 움직이는 데도 돈이 들어가고 인건비는 얼마나 들어가는지. 여유자금으로 시작한 사업이었으나 나무라는 것이 바로바로 수확을 할 수 있는 한해살이 농작물이 아니었습니다. 나무가 돈이 되려면 묘목을 심어놓고 자라기까지 긴 기다림의 시간을 필요로 했습니다. 어쩔 수 없이 대출까지 받게 되었습니다. 이자를 내면서도 나의 미래 사업으로 투자되는 돈이었고 시간이 지나 묘목을 키우다 보면 나무로 자랄 것이라는 희망이 있었습니다.

부산에 살고 있는 나는 일주일에 한 번씩 오고 가느라 제대로 묘목들을 돌볼 수 없었습니다. 시골에 사시는 친정 엄마와 아저씨의 협조와 수고가 절대적으로 필요했습니다. 두 분이 도와주신다기에 시작한 조경수 키우기 사업이었습니다. 그런데 조경수 키우기 일을 시작한 지 일 년도 되지 않아서 10년 가까이 함께 사시던 엄마와 아저씨는 갑자기 헤어지게 되셨습니다. 두 분의 도움을 받을 수 없는 나는 어쩔 수 없이 조경수 키우는 일을 접어야 했습니다. 제대로 키워 보지도 못하고 묘목들을 헐값에 넘겨 처분해야만 했습니다.

투자했던 돈들이 손해가 되어 돌아왔고 대출금이 빚으로 남았습니다. 빚이 이자에 이자를 더하며 점점 늘어갔습니다. 마이너스 인생이 시작되었습니다. 대출 받은 곳에서는 빚 독촉이 시작되었습니다. 설상가상으로 몸까지 이유 없이 아프기 시작했습니다. 병원에 가면 병명도 안 나왔습니다. 몸이 아파서 밖으로 움직일 수 없으니 내가 할 수 있는 것이 없었습니다. 나를 가르쳐주신 선생님께서는 명리학을 통해 상담해야 하는 일을 그만둔 벌이라 하셨습니다. 무당들은 귀신병이라 하였습니다. 나에게 다른 일을 못 하게 하려는 하늘의 뜻이라 했습니다.

빚이라는 것이 돈을 제대로 써보지도 못하고 순식간에 불어난다는 무서운 사실을 알게 되었습니다. 이자에 이자가 더해지며 늘어나는 것이 빚이었습니다. 결국 큰돈은 아니었지만 빚 독촉에 시달리던

나는 법무사의 도움으로 파산을 신청했습니다.

파산을 신청하자 득달같이 달려드는 은행과 카드 회사 직원들의 협박에 한동안 시달려야 했습니다. 하루에 몇 번이고 걸려오는 독촉 전화. 매일 매일 집에까지 찾아와서 언제 갚을 것인가를 확인하고 가는 사람들. 전화벨 울리는 소리만 들어도 심장이 쿵쾅쿵쾅 뛰었습니다. 도망가고 싶고 죽고 싶은 마음이 셀 수도 없이 일어났습니다. 저녁이면 다음 날 아침이 오지 않았으면 하는 마음이 간절했습니다. 밤마다 울고 또 우는 날들이 반복되었습니다. 운명은 나를 절벽 벼랑 끝까지 몰아갔습니다. 법원에서 파산신청이 받아들여졌고 면책까지 받는 데 10개월이 걸렸습니다.

나는 이때까지 이미 명리학뿐 아니라 많은 역학서들을 몇 년 동안 공부한 뒤였지만 정작 내 운명에는 적용시킬 생각도 관심도 두지 않았습니다. 진지하게 내 운명에 대해 알아보려 생각하지 않았습니다. 무슨 일이든지 성실히 노력하면 이룰 수 있다는 자만심이 있었습니다. 내게 명리학은 학문일 뿐이었습니다. 운명의 이치를 깨닫지 못하고 있었습니다. 운명은 쓰디쓴 삶의 고통을 겪게 했습니다. 나를 길바닥으로 끌어내리며 운명은 거대한 존재감을 드러냈습니다. 결국에 나는 운명이라는 거대한 힘 앞에 무릎을 꿇고 길거리로 나와 앉았습니다. 차가운 길바닥에 앉고서야 내가 눈을 가리고 살아왔음을 알았습니다.

7. 길거리 상담가

　길거리 삶의 겨울은 추위가 가장 큰 문제였습니다. 지하도 바닥에 앉아 있으려면 내의를 두 겹 정도는 입어줘야 합니다. 스웨터에 패딩 점퍼까지 입었는데도 뼛속까지 파고드는 것이 길거리 추위였습니다. 의지할 수 있는 것은 작은 휴대용 손난로뿐이었습니다. 손난로에 부탄가스 하나를 장착하고 아껴 쓰면 하루 정도 버텨주었습니다. 책상 밑에 켜두었다가 손님이 앉으면 손님 쪽으로 난로를 돌려주었습니다. 글을 쓰고 책을 읽는 손이 얼었습니다. 봄에는 바람이 큰 변수였습니다. 걸어 다닐 때는 바람을 덜 느끼지만 가만히 앉아 있으면 바람의 위력을 느낍니다.

　지하도로 내려오는 계단 네 방향에서 불어오는 바람의 세기는 세워 둔 가림막을 넘어뜨렸습니다. 책상 위의 책이나 공책 등을 날려버리기 일쑤입니다. 바람 따라 들어오는 지상의 먼지들과 자동차 매연이 지하도 안을 가득 채울 때면 숨쉬기가 어려웠습니다. 여름은 모기, 악취, 빗물과의 싸움입니다. 사람이 앉아 있으니 수시로 달려드는 모기떼들에게 제법 많은 헌혈을 해 줘야 했습니다. 지하도 여기저기에서 솔솔 풍겨오는 악취가 사람을 괴롭힙니다. 비가 오는 날이면 밖의 빗물과 습기가 지하도 바닥에 가득 차서 아예 자리조차 펴지 못했습니다. 비 오는 날은 공치는 날이었습니다.

길거리에 앉아 있으면 교인들이 가장 많이 괴롭힙니다. 그들에게 사주 보는 업을 하는 나는 사탄이라 했습니다. 아침저녁으로 회개하라며 설교를 하고 가시는 분, 무작정 욕을 하시고 내 책상을 엎는 분 등, 다양한 교인들의 방해가 극심했습니다. 심지어 여름에 모기 쫓으려고 모기향을 피워두면 지하도에 향냄새가 난다고 구청에 신고했습니다.

젊은 여자가 앉아 있으니 남자들의 희롱도 만만찮았습니다. 저녁 무렵에 하루 일을 마치고 술이 얼큰하게 취한 노동하시는 분들은 대놓고 희롱을 했습니다. 덥석 손을 잡는다던지, 듣기에 거북한 음담패설을 한다든지, 따로 만나자고 생떼를 쓰며 가지 않았습니다. 그럴 때마다 인근에 계시는 분들이 도와주러 달려오시곤 했습니다.

길거리에 있다 보니 물건을 가져가는 일도 빈번했습니다. 잠깐 화장실 다녀오는 사이 책을 넣어 다니는 가방을 통째로 가져가거나 책상 위 물건들을 가져갔습니다. 나에겐 필요한 물건들이지만 가져가봐야 돈이 되는 것도 아닌데 가져갔습니다.

길거리 상담은 낯선 사람들의 사주를 그 자리에서 바로바로 풀어줘야 합니다. 미리 내가 있는 곳에 일부러 알고 찾아오시는 분들도 있지만 대부분의 손님들은 지나가다가 우연히 나를 보고 갑자기 앉는 분들이라 언제나 상담시간이 짧았습니다. 사람이 앉으면 순간적으로 상담을 진행해야 하기 때문에 고도의 집중과 판단을 필요로 했습니다. 또 말 한마디라도 잘못하면 봉변 당하기에 긴장을 늦추면 안되었습니다. 길거리 상담은 사무실 상담과 다르게 어느 정도 불신과 호기심을 갖고 앉기 때문에 사람들에게 처음 몇 마디에서 신뢰를 줘

야 했습니다.

교복 입은 학생부터 점잖은 어르신들까지 연령층이 다양한 손님들이 앉았습니다. 여자 손님들이 길거리 상담이라 혹여 아는 사람들이 자신을 알아볼까 봐 부끄럽다고 하시면 우산으로 가려드리거나 인근 공원 의자에 앉아 상담을 진행했습니다. 길거리 상담은 직접적으로 사람들에게 다가가서 그들의 삶을 들여다볼 수 있는 인생 공부 시간이었습니다.

어느 정도 시간이 지나자 지하도 인근 상가에 근무하시는 분들이나 동네 분들, 관공서 일하시는 분들까지 단골이 되어 갔습니다. 휑한 지하도에 따뜻한 풍경을 만들어 준다며 인사하고 가거나 저녁 준비를 위해 자신의 장 본 물건 중에 찬거리 일부를 내 옆에 슬그머니 놓고 가시는 분들이 생겼습니다. 며칠마다 정기적으로 커피 사들고 와서 수다 떨고 가는 할머니들에겐 말동무가 되어드렸습니다. 학교나 학원 마치고 돌아가는 아이들에겐 길거리 지킴이가 되었습니다. 어느새 나는 지하도에서 유명한 길거리 상담가가 되어 갔습니다.

운명이라는 단어를 모르는 사람이 있을까요. 지하도에서 길거리 상담가로 살아가며 그때서야 나는 운명을 알았습니다. 운명을 안다는 것은 앞으로 나아갈 것인가, 엎드릴 것인가, 뒤로 물러설 것인가를 판단할 수 있는 것입니다. 운명을 안다는 것은 자동 세팅되어 흘러가고 있는 운의 방향을 바꿀 수 있다는 것입니다. 운명을 안다는 것은 더 이상 운명에 끌려가지 않고 내 인생을 경영할 수 있다는 것입니다. 나는 진정한 인생 상담가로 변해갔습니다.

내 생애 최대의 자랑은

한 번도 실패하지 않았다는 것이 아니라

넘어질 때마다 다시 일어났다는 것이다.

- 콜드 스미스

2장. What?

인생 내공
지하에서 지상으로

명리학 공부를 시작하면 누구나 자신의 사주팔자를 먼저 풀어보게 됩니다. 태어난 년, 월 ,일, 시를 만세력에서 찾아서 네 개의 기둥인 사주를 세우고, 그 안에 들어있는 여덟 글자의 뜻 하나 하나를 알아가는 과정은 신비롭습니다.

내가 태어난 날은 계(癸)라는 글자를 기준으로 삼습니다. 계수(癸水)라고 읽습니다. 물상으로는 '작은 물, 이슬' 정도 뜻으로 봅니다. 계수(癸水)는 큰 바닷물에 비해 작은 이슬이라서 그런가 여린 심성을 가지고 있습니다. 온화하면서도 상처를 잘 받습니다. 이슬이 식물에 스며드는 것처럼 사람의 마음에 스며들어 다른 사람의 마음을 헤아리는 데 유리합니다. 누군가의 부탁을 받으면 거절을 잘 못합니다. 水의 특성 중 하나는 생각이 많다는 것입니다. 타인들에게서 지혜롭다는 말을 듣는 기운입니다. 그러나 자신은 많은 생각으로 인해 걱정과 근심이 많습니다. 생각이 많은 사람들이 우울증이나 정신적 질병을 앓을 확률도 높습니다.

계(癸) 아래에는 유(酉) 글자가 있습니다. 유금(酉金)이라고 읽습니다. 내 사주는 태어난 날의 기둥이 계유(癸酉)가 됩니다. 이런 형식은 대체로 배우자 인연 불안이 주로 많이 작용합니다. 계(癸) 입장에서 유(酉)는 문서, 어머니, 공부를 뜻합니다. 나를 도와주고 보호해주는 수호천사입니다. 사주에서 태어난 날 아래 자리를 배우자 자리로 봅니다. 배우자 자리에는 남편을 뜻하는 글자가 앉아 있어야 합니다. 그런데 내 사주에는 배우자 자리에 공부를 뜻하는 글자가 앉아 있습니다. 즉, 안방에 남편이 있지 않고 공부가 앉아 있는 모습인 것입니다.

나는 사주에 유금(酉金)을 두 개 가지고 있습니다. 내가 공부하는 것을 좋아하는 이유가 유(酉)의 영향이 많은 것 같습니다. 정리하고 기록하는 것을 좋아합니다. 결혼 초 가계부를 13년 이상 꾸준히 썼던 것도 이 성분 때문인 것 같습니다. 내가 결혼 생활을 평안하게 하지 못한 이유 중에 배우자 자리에 대신 앉아 있는 공부 기운 유(酉)의 영향이 많습니다. 내 사주에서 남편을 나타내는 기운은 年, 月, 日, 時 중에 태어난 年의 자리에 앉아 있습니다. 네 개의 기둥 중에서 年은 초년, 月은 청년, 日은 장년, 時를 노년으로 봅니다. 나에게는 남편을 뜻하는 글자가 年에 들어 있으므로 결혼을 일찍 하거나 나이 많은 남자를 만날 수 있다고 명리서적에 적혀 있습니다. 13살 나이 차이의 남편과 이십 대 초에 결혼했으니 이 또한 나의 사주팔자 때문이었을까요?

유금(酉金) 옆에는 인목(寅木)이라는 글자가 있습니다. 계(癸) 입장에서 인목(寅木)은 활동성, 정의감, 오지랖, 창의력을 뜻합니다. 대부분의 사람들이 "예" 할 때, "아니오"를 외치는 성분이며 기존 질서에 반항을 할 수 있는 용기를 나타냅니다. 타인을 도와주고 정의감에 오지랖을 부릴 수 있는 기질이 강합니다. 여러 방면에 관심을 보이는 호기심을 나타냅니다. 그러다 보니 실속이 없습니다. 남 좋은 일만 많이 합니다. 은근히 주변 사람들을 배척하는 성향이 강하여 사실상 마음을 터놓고 지내는 사람이 적기도 합니다. 내 성격들이 인목(寅木)의 영향이 많은 것 같습니다.

또 내 사주에서 인목(寅木)은 자식을 나타내는 성분이기도 합니다. 내 사주는 인목(寅木)을 두 개 가지고 있습니다. 유금(酉金) 두 개와 인목(寅木) 두 개씩 가지고 있는 내 사주팔자를 원진살이 강하다고 합니다. 원진살이 강하면 기문관살이라고도 부릅니다. 원진살은 사람관계와 건강에 작용을 많이 합니다. 내 사주에서 부모의 자리와 나의 자리가 강한 원진살을 이루고 있습니다. 아버지의 가정폭력에 대한 힘든 기억이 원진살 때문일 거라고 생각합니다. 내 사주를 이루고 있는 원진살에 대해 여전히 연구 중입니다.

또 이 기운을 가지고 있는 사람들은 역학과 종교 분야에 많이 나타납니다. 자강 이석영 선생님이 지은 『사주첩경』이라는 명리서적에 내 사주팔자와 비슷한 역학자의 사주가 나옵니다. 내 사주와 구조가 같고, 여덟 글자 중에 여섯 글자가 동일합니다. 공부하면서 '내가 역학의 길로 들어설 수밖에 없었구나.'라는 생각을 했습니다.

지난 몇 년 동안 조선일보 '오늘의 운세' 코너를 책임져 오신 운관 김재근 선생님(나에게 명리학을 가르치신 스승님입니다)의 저서에 따르면 '유금(酉金)과 인목(寅木)이 합(合)하여 몸 안에 덩어리를 만든다.'라고 되어 있습니다. 실제 손님들을 상담하며 임상을 해 보면 많은 사람이 여기에 해당되는 것을 봅니다. 나 역시 자궁의 암을 경험했습니다.

태어날 때 정해진 사주팔자를 고정되어 있는 명(命)이라고 합니다. 운(運)이라는 바람이 지나면서 고정된 사주팔자를 흔들며 사람살이에 영향을 줍니다. 사주팔자인 명은 가만히 있는데 사람의 길흉(吉凶)과 성쇠(盛衰)가 불어오는 바람, 즉, 흐르는 운(運)에 일렁이는 것입니다. 운명입니다. 운(運)에는 선천운인 대운(大運)이 있고, 후천운인 年운, 月운, 日운, 時운이 있습니다. 명리학은 명과 운을 살펴 삶을 보는 것입니다. 30대 후반, 나의 선천 대운과 후천 연운이 충돌을 하는 해가 있었습니다. 바람과 바람이 부딪쳤으니 커다란 소용돌이가 발생했습니다. 운끼리 충돌하는 소용돌이 속에서 나는 파산을 했고 지하도 길바닥 생활을 시작했습니다.

길거리 생활을 시작하면서 내 운을 바꿔야겠다고 결심했습니다. 이제는 다르게 살아야겠다고, 나의 의지와 상관없이 세팅된 운명에 끌려가지 않겠다고 결심했습니다. 바꿀 수 있는 운이 있다면 내 운을 바꿔야겠다고 생각했습니다. 바꾸려면 알아야 합니다. 바꿀 수 있는 운과 바꿀 수 없는 운명은 무엇인지 알아야 합니다. 운명이 어느 정도 정해져 있는가를 알아야 합니다.

일단, 내가 바꿀 수 없는 것들을 종이에 적어 보았습니다. 운명이 강하여 숙명이 된 것들입니다. 봄, 여름 더위, 가을, 겨울 추위, 태풍 등 자연 현상은 내가 바꿀 수 없습니다. 나라, 고향, 성씨를 바꿀 수 없습니다. 의처증, 노름, 가정 폭력을 행사하는 아버지의 자식인 것을 바꿀 수 없습니다. 부잣집에 태어나지 못하고 가난한 집에 태어난 것도 바꿀 수 없습니다. 건강하지 못해 언제나 골골했던 내 신체도 바꿀 수 없습니다. 특별히 예쁘지 않은 외모, 다른 사람들의 나에 대한 생각 등은 내가 노력해도 바꿀 수 없습니다. 내가 언젠가는 죽는다는 것도 바꿀 수 없습니다. 바꿀 수 없는 것을 붙들고 애써봐야 헛수고입니다.

그럼, 숙명처럼 힘이 센 운명 말고 내가 바꿀 수 있는 것들을 생각해 보았습니다.

내 생각은 내가 바꿀 수 있습니다. 더 이상 운명에 끌려가지 않고 운명을 끌고 가야겠다는 생각으로 바꿀 수 있습니다. 부정적인 감정보다 긍정적인 감정을 많이 느끼도록 하는 것도 바꿀 수 있습니다. 운명을 소극적으로 대하며 살아온 삶을 적극적으로 알아보고 행동하는 것으로 바꿀 수 있습니다. 하고 싶은 일, 먹고 싶은 음식, 가고 싶은 곳, 만나고 싶은 사람 등을 선택하는 스스로의 노력을 바꿀 수 있습니다. 욕망, 자유, 자제력 등을 바꿀 수 있습니다. 내 운명을 바꿀 수 있는 것들이 의외로 많았습니다. 바꿀 수 있는 것만 실천해 보기로 했습니다.

2. 지하도 일기

"언어와 피부가 다를지라도 지구상 거의 모든 나라와 민족의 부모들이 아이에게 가르치는 말의 순서는 같습니다. '엄마', '아빠' 다음으로 가르치는 말이 '고맙습니다.'였습니다. 모든 부모들이 그 부모들로부터 전수 받은 행복 습관, 그래서 아이들에게 가장 먼저 가르쳐주는 성공의 열쇠. '애야. '고맙습니다.'라고 말해야지.'"

전문가들은 마음가짐이 인간의 삶에 미치는 영향을 줄곧 연구해왔습니다. 특히 감사하는 마음이 사람에게 주는 영향력이 정신적으로나 육체적으로, 또 사회적으로 매우 크다는 사실을 입증해 냈습니다. 삶의 좋은 점들을 인식할 수 있으며, 마침내 삶을 긍정적으로 변화시킬 수 있다는 결론을 도출해 낸 것입니다. 단지 '감사합니다.'라고 말함으로써 지금보다 건강해지고 행복해질 수 있으며, 온갖 스트레스를 통제할 수 있다는 얘기입니다.

감사 일기 쓰기는 곧 행복을 찾아내는 연습이었습니다. 삶의 곳곳에서 지나쳐버린 소소한 행복을 찾아내는 안목을 훈련받는 것입니다. 감사하는 마음은 갑자기 하늘에서 뚝 떨어지는 것이 아닙니다. 배우고 훈련받는 것입니다. 지혜의 전수 과정인 셈입니다. 하루하루 일상에서 좋은 일들을 찾아내고 감사하는 것은 우리의 무한한 잠재력을 모으는 시초가 됩니다.

"매일 매일 모으는 그 힘들은 언젠가 우리의 삶에 큰 기적을 불러일으킵니다."
                                                              – 데보라 노빌 『감사의 힘』

2020년 대선출마 후보로도 꼽히는 오프라 윈프리는 불우했던 어린 시절부터 감사할 일을 찾아내는 습관을 들였다고 합니다. 오프라 윈프리는 자주 "우리 주변에는 감사해야 할 일이 아주 많으며 그것들을 매일 기록해야 한다."고 주장합니다.

나 역시 길거리 밑바닥에서 올라올 수 있었던 습관 중에 감사 일기와 미래 일기 쓰기가 있었습니다. 여기에 그중 몇 장을 소개해 봅니다.

지하도 감사일기

11월 24일

감사한 사람: 안선미, 안선영, 김육녀, 김성이 감사합니다.

비가 옵니다. 아침부터 비 냄새가 나더니 결국 비가 내립니다. 얼마 만에 내리는 비님인지요. 내려앉은 하늘이 반갑습니다. 감사한 일입니다. 뚝뚝뚝… 한 방울 두 방울. 비가 내리니 가슴이 뚫리고 시원합니다. 나라가 너무 가물어서 걱정이 많은 때에 단비가 내립니다. 그동안 하늘은 지나치리만큼 비를 아끼셨습니다. 지난 봄, 여름, 가을이 지나는 동안 뜨거운 햇볕만 내리쬐었습니다. 마치 나의 생활과 같았습니다. 메마르고 고민스럽고 힘든 하루하루를 지나왔습니다. 아무것도 할 수 없는 시간들을 지나왔습니다. 하루하루가 지옥을 향해 가는 듯했습니다. 비가 옵니다. 난 지금 지하도에 앉아 있습니다. 없는 돈이지만 영광도서에서 책을 한 권 사들고 와서 읽었습니다.

천호식품 김영식 회장이 쓴 『10미터만 더 뛰어봐』를 모두 읽었습니다. 김 회장님의 삶도 밑바닥에서 최고로, 다시 밑바닥으로 다시 최고로 평탄하지 않았습니다. 책을 읽으며 가슴이 뛰었습니다. 나도 할 수 있다는 자신감이 들었습니다. 책 속에서 빠져나오니 현실은 지하도의 매서운 바람이 옆을 지나갑니다. 감사합니다. 김영식 회장의 책 한 권이 오늘 내게 용기와 밝음을 주었습니다.

11월 30일

감사한 사람: 안선미, 안선영, 김재근 감사합니다.

오늘은 새로운 아이템을 실행했습니다. "이야기를 들어드립니다." 현수막을 제작해서 지하도 벽에 붙였습니다. 언젠가는 해 보고 싶었던 일입니다. 나의 장점은 사람들의 이야기를 잘 들어준다는 것입니다. 고민을 들어주며 상담을 직업으로 연결시키려 합니다. 찬 길바닥에 앉아 스스로와의 싸움을 하고 있습니다. 사람들의 퇴근시간이 넘어선 지하도는 조용해졌습니다. 나는 아직 배가 고프지 않습니다. 오늘 번 돈 중 5,000원을 투자하여 나를 위해 국화 한 다발을 샀습니다. 가슴에 안은 꽃다발이 정말 사랑스럽습니다. 감사합니다. 오늘도 감사하다는 말이 저절로 나옵니다.

12월 5일

감사한 사람: 문명옥, 박영자, 서은경, 손님들 감사합니다.

하늘에 약간의 구름이 드리워져 있습니다. 그러나 기온은 따뜻합니다. 지하도에 앉아 있는데 견딜 만합니다.

60세 되신 아주머니 한 분이 눈물 흘리시다 가셨습니다. 처음엔 안타까운 마음에 어떻게든 달래 드리려 노력하다가 사주풀이를 해 보니 별다른 일은 없었습니다. 그냥 본인 설움과 나이 드신 분들이 느끼는 설움에 우시는 것이었습니다. 실컷 쏟아내시라고 그냥 이야기를 들어 주는 수밖에 없었습니다. 오죽하면 내게 와서 그러시겠나 싶었습니다. 한참 동안 이야기 보따리 풀어놓고 가셨습니다. 다행입니다. 나라도 그분의 이야기를 들어 줄 수 있어서 감사합니다.

가끔 나도 답답한 나의 현실 때문에 지하도 계단을 뛰어 올라가고 싶은 충동을 느낄 때가 있습니다. 계단을 올라가서 그저 길 위로 나서고 싶습니다. 모두들 땅 위에 발을 딛고 살아가는데 나는 지하도 바닥에 앉아 있는 현실이 힘듭니다. 그러나 마음을 다스리고 다시 바닥에 주저앉습니다. 책을 읽습니다. 『그래도 가라』라는 책을 열심히 밑줄 그으며 읽었습니다. 책을 읽을 수 있어 감사합니다.

12월 20일

감사한 사람: 김말조, 최혜숙, 손님들 감사합니다.

지하도가 춥습니다. 연말을 향해 갑니다. 이제는 책을 읽으면서도 지나가는 사람들의 발자국소리가 귀에 들어옵니다. 여자인지 남자인지.

어떤 고민을 안고 있는 어떤 사람이 내 앞에 앉으려나 기대까지 합니다. 어떤 이야기보따리를 풀어 놓고 가려는지 기다려집니다. 정말 하루하루가 기적 같습니다. 덥석 내 앞에 앉아 고민을 풀어 놓고 돈을 내밀고 가는 사람들 때문입니다. 기적이라는 생각이 듭니다. 매일 매일이 기적을 만들어가는 날들 같습니다. 지나가는 저 사람들은 나와 일면식도 없습니다. 그런데 나에게 마음을 열고 자신의 이야기를 하고 지갑에서 돈을 꺼내 상담료를 주고 갑니다. 기적이 지하도에서 일어나고 있습니다. 감사한 날들입니다.

1월 29일

비가 내립니다. 목이 따갑습니다. 감기가 오려나 봅니다. 시간은 오후 6시가 되어갑니다. 오늘은 친구들이 교대로 와서 놀다갔습니다. 뜨끈한 칼국수 한 그릇을 나눠 먹으며 웃을 수 있는 친구들이 있어 고맙습니다. 오고가는 손님도 많은 날이었습니다. 상담료 수입도 평소보다 많았습니다. 감사하고 또 감사한 날입니다. 겨울비가 내리는 저녁시간이지만 내 마음은 행복으로 가득합니다.

2월 12일

한두 방울 비가 내립니다. 아침부터 몸을 못 추스르다가 늦게야 지하도에 나왔습니다. 추운 날씨에 나보다 일찍 오셔서 상담을 기다리는 손님이 있어서 죄송했습니다. 길바닥에 자리를 미처 펴지도 못하고 일단 차 안에서 상담을 진행했습니다. 또 다른 분이 기다리셔서 다시 차 안에서 상담을 해드리고 겨우 1시 넘어서야 지하도에 좌정을 했습니다. 감사한 일입니다.

아침에 번 돈들을 통장에 넣는데 얼마나 감사하던지요. 감사하고 또 감사한 날입니다.

3월 4일

지하도 안이 썰렁합니다. 춥고 일요일이라 지나다니는 사람들도 가끔 지나갑니다. 앉으려니 방석이 차갑습니다. 방석을 내 체온으로 덥히며 책을 읽습니다.　　　　　　　　　　　　　　　　　　　－ 정호승의 『위안』.

일요일은 지하도 안의 공기가 다릅니다. 사람들의 오가는 발걸음도 나른합니다. 차가운 날이지만 내가 앉아 일할 자리가 있어 감사합니다. 볼 수 있는 책이 있어 감사합니다.

5월 17일

행복을 사러 영광도서에 갔습니다. 그동안 미뤄두고 못 사 본 책들을 큰맘 먹고 사왔습니다. 머리맡에 공부할 책과 읽어야 할 책들을 쌓아두면 부자가 된 듯합니다. 지금 있는 자리에서 최선을 다하는 방법 중에 하나가 열심히 공부하는 것입니다. 책값이 아까워서 도서관 책들도 빌려다 보기도 하지만 역시 서점에서 사 온 책을 두고두고 읽는 것은 행복한 일입니다. 지하도에서 번 돈으로 딸들과 먹을 쌀을 사고 집을 데워 줄 석유를 채우고 아이들 학비를 낼 때면 감사한 마음뿐입니다. 난 행운아인 것 같습니다. 서울에 있는 친구에게 전화가 왔습니다. 자신이 읽는 책인데 괜찮아서 보내주겠다 합니다. 감사한 일입니다. 어떻게 책을 읽으며 내 생각이 났을까요. 나는 많이 베풀지 못하고 살았는데 복을 많이 받는 것 같습니다. 배는 고픈데 마음은 넉넉한 하루입니다.

5월 20일

햇살이 5월인데도 뜨겁습니다. 아카시아 꽃이 흐드러지게 피었고 길가 담 옆에는 붉은 장미가 한창입니다. 어김없이 계절은 또 여름을 향해 가고 있습니다. 이제는 단골도 생겼고 일부러 찾아오시는 손님들. 지나가시는 분들까지 상담을 합니다. 내게 기적이 일어나고 있습니다. 지하도 생활도 2년을 향해 갑니다. 하루하루 지하도에서 벌어서 아이들 굶기지 않고 학교 보내며 추위를 피해 왔습니다. 내가 운명에 대해 뭘 안다고, 내가 무슨 힘이 있다고 사람들이 찾아오고 상담을 하고 돈을 지불하고 갑니다. 감사합니다. 감사합니다.

6월 11일

더위가 시작되었습니다. 오늘은 우리 동의보감 팀들이 직접 동의보감에 있는 경옥고를 만들어 보는 실습 날입니다. 교수님이 소개해 주신 전문가 댁을 방문했습니다. 대연동 조용한 주택가에 집이 있었습니다. 반장인 나는 첫 방문인데 그냥 들어갈 수 없어서 시원한 수박을 두 통 사서 들어갔습니다.

한의원에 직접 약재들을 납품하시는 그곳에서 우리는 동의보감 원전에 있는 방법 그대로 경옥고 만들기를 재현해 볼 수 있었습니다. 약간의 약재 변경이 있었지만 선생님은 귀찮고 번거롭다 안 하시고 특별히 재래식 방법을 우리들에게 시현해 주셨습니다. 우리 팀들은 요즘 시대에 옛 방법으로 경옥고를 고아 만들어보는 행운을 얻었습니다. 같이 도와주신 사모님은 처음부터 끝까지 우리가 불편하지 않도록 배려해 주셨습니다. 동의보감 원전대로 약을 만드시는 전문가를 만난다는 것은 하늘의 별 따기만큼이나 어려운 행운인 것 같습니다. 우리는 모두 운이 좋았다고 감사하며 나왔습니다.

7월 20일

행운입니다. 타로를 가르쳐 줄 선생님께서 나를 위해 일주일에 두 번씩 지하도 근처까지 오시기로 했습니다. 길거리에 앉아서 공부를 가르칠 수 없으니 근처 카페에서 수업을 진행하기로 했습니다. 젊은 세대를 공략하려면 타로카드도 배워야 한다고 생각했습니다. 우연히 선생님을 소개받았는데 흔쾌히 공부를 도와주겠다고 합니다. 내가 배우러 가야 하는데도 내 사정을 아시고 기꺼이 지하도 근처까지 오셔서 수업을 진행해 주신다 하니 나는 행운아인 것 같습니다.

9월 3일

점심을 먹으려는데 갑자기 손님이 밀려듭니다. 길거리는 빠른 상담이 생명입니다. 조금만 기다리게 하면 가던 길을 가버립니다. 기다려주는 사람도 있지만 대부분은 다음에 오겠다며 가버립니다. 사무실이 아닌 길거리 상담의 한계입니다. 손님이 늘어나며 사무실로 들어가야 하나 고민이 됩니다. 조금만 더 이곳에서 버티면 다시 일어설 수 있을 것 같습니다. 감사한 날입니다.

20세기 가장 성공한 여성 중의 한 명인 에스티 로더는 무의식적 사고의 힘을 '시각화의 힘'이라는 말로 표현합니다.

"당신의 꿈을 시각화하라. 만일 당신이 마음의 눈으로 이미 성공한 회사, 이미 성사된 거래, 이미 달성된 이윤 등을 볼 수 있다면, 실제로 그런 일이 일어날 가능성이 높아진다. 이미 성공한 모습을 마음속으로 생생하게 그리는 습관은 목표를 달성하는 가장 강력한 수단이다."

지하도 미래일기

2019년 9월 30일

가을이 깊어가는 9월의 마지막 날입니다. 오늘 난 저자 사인회를 가졌습니다. 새 책이 출간되어 지인들이 출판기념회를 갖자고 해서 조촐하게 가졌습니다. 그동안 공부해 온 것들을 사람들에게 도움이 되도록 적어 보았습니다. 많은 사람들이 감동하며 찾아주어 베스트셀러 작가라는 호칭도 얻었습니다. 강연도 들어와서 상담시간을 조절해서 강연도 나갑니다.

2020년 5월 15일

장미의 계절입니다. 스승의 날이라고 제자들이 찾아왔습니다. 시원한 밀면으로 점심을 같이하며 제자들과 계획을 세웠습니다. 우리가 공부해 온 역학을 활용한 봉사활동 분야를 논의했습니다. 성명학으로는 이름을 필요로 하는 곳에 이름 지어주기 봉사를 해 보기로 했습니다. 풍수학을 이용하여 저소득층 가정에 풍수 인테리어 방법을 가르쳐주기로 했습니다. 청소년 시설을 방문하여 사주명리학을 이용한 선천직업 상담을 해 주며 꿈을 키워 가는 데 도움을 주기로 했습니다.

노인 복지센터에서 어르신들에게 타로를 이용하여 고민 상담을 해 주며 즐거움을 드리자고 의견을 모았습니다. 2020년은 제자들과 봉사단체 발족을 하는 해입니다.

미래 일기를 쓰면서 성공을 시각화하면 그 이미지는 반드시 현실이 됩니다.

"운이 좋은 사람들은 별다른 노력을 하지 않아도 평생의 꿈과 소원을 쉽게 이룬다. 반면 운이 없는 사람들은 아무리 애를 써도 원하는 것을 손에 넣지 못한다. 이 두 그룹 사이에는 무슨 차이가 있는 걸까? 연구결과에 따르면 운이 없는 사람들은 암울한 미래를 상상하며 자신의 힘으로 어쩔 수 없다고 생각한다. 반면 운이 좋은 사람들은 정반대로 상상한다. 멋진 미래 또는 근사한 연인이 자신을 기다리고 있다고 상상한다.

운이 좋은 사람들은 우연히 꿈을 이루는 게 아니다. 운이 없는 사람들은 원하는 것을 가질 수 없는 운명으로 태어난 게 아니다. 그들 자신의 미래에 대한 상상이 그들의 미래를 만든 것뿐이다.

- 이지성, 『꿈꾸는 다락방』

3. 행운의 여신은 움직이는 사람 편이다

"새로운 것을 창조하는 것은 삶의 현장에서 발로 뛰고 행동하는 것이다."

— 엔도 이사오 와세다대학교 교수

"인생에서 살아남는 자는 하루에 한 번씩 망치질을 하듯이 꾸준히 노력하는 사람이라고 생각한다. 오늘은 헤쳐 나가기 위해서 해야 할 일을 한다면 내일의 태양이 떠올랐을 때 가장 훌륭한 위치에 있게 될 것이라는 믿음이다."

— 오프라 윈프리

『주역』에 다음과 같은 말이 있습니다.

궁즉변, 변즉통, 통즉구

궁하면 변하게 되고, 변하면 통하게 되고, 통하면 오래가게 됩니다. 궁이란 모든 상황이 극에 달한 상태를 말합니다. 이 상태에서 가장 변화를 잘 일으킬 수 있습니다. 궁극에 이르러야 변화를 꾀합니다. 가장 극한 상황에 놓였을 때, 사람을 궁구를 하게 되고 최선을 다하게 됩니다. 도저히 답이 없어 보이는 지하도 시절, 가장 힘들 때 온몸으로 세상에 부딪히며 뛰는 녹즙 배달을 시작했습니다.

새벽 5시면 어김없이 일어났습니다. 딸들을 위해 아침 식사 준비를 해 놓고 집 안을 정리하고 6시 30분이면 집에서 나섰습니다. 7시에 녹즙 사무실에 도착해서 그날 배달할 녹즙 음료를 배달 갯수대로 챙겼습니다. 배달되는 동안 음료가 상하지 않도록 같이 배달할 얼음 팩과 녹즙 배달 가방을 챙겼습니다. 판촉에 필요한 시음들도 넉넉히 챙겼습니다. 빨대와 비닐봉투까지 챙겨서 배달구역에 도착하면 7시 30분경이 됩니다.

사무실, 병원, 상가, 은행 등 사람들이 있는 곳 어디든지, 녹즙을 마실 사람이 있는 곳이면 배달을 합니다. 신선한 녹즙을 출근과 동시에 마시고 싶어 하는 고객들을 위해 쉼 없이 뛰어다니며 녹즙을 배달합니다. 가는 곳마다 큰 소리로 기분 좋은 아침인사도 건네며 내가 왔음을 알립니다. 엘리베이터가 없는 곳은 계단을 뛰어다닙니다. 배달하면서 시음을 주며 녹즙 받아 드시기를 권하는 영업을 같이 해야 합니다. 아침 10시경까지 3시간 정도 부지런히 배달 구역을 돌며 그날의 배달 물량을 소화시키고 나면 녹초가 됩니다.

그렇게 한 달을 배달하면 50~60만 원 정도 배달료가 나옵니다. 그 돈은 오롯이 빚을 갚아 나가는 데 썼습니다. 7년을 하고 나니 모든 빚을 갚을 수 있었습니다.

녹즙 배달하는 한 걸음 한 걸음이 내 운명을 바꿀 수 있을 것이라는 믿음이 있었습니다.

『10대에 알았으면 좋았을 것들』에서는 다음과 같은 말을 합니다.

"공부는 기회를 끌어당기는 자석이다. 공부는 우리 생활에 다양한 기회를 낳는 거위와 같다. 공부는 좀 더 나은 생활을 도와줄 뿐 아니라 어느 순간 성공에 도달하게 되는 기회를 제공한다." - 김태광 한국책쓰기협회 대표

어려울 때일수록 공부는 운명을 개선시키는 가장 좋은 방법입니다. 처음 명리학을 배울 때는 3년 동안 일체 TV 시청이며 바깥생활을 자제했었습니다. 오직 역학에 관련된 책을 읽고 외우고 연구하기를 반복했었습니다. 딸들이 "엄마는 사람이 아니다."라는 말을 할 정도로 몰입했었습니다. 다시 지하도 생활을 시작하며 공부에만 매달렸습니다. 내가 지하도 삶에서 지상의 삶으로 나갈 수 있는 방법은 공부뿐이라 생각했습니다. 이왕에 역술가의 길을 가려면 최고가 되자는 생각으로 역학 관련 공부를 할 수 있는 곳이면 어디든지 달려가서 배웠습니다. 학교를 다녔고 선생님들을 찾아다니며 공부를 사사받았습니다. 인터넷 강의를 들었습니다. 선생님을 초빙하여 지하도 근처 커피숍에서 일주일에 두 번씩 강의를 듣기도 했습니다. 각 학문마다 100권의 책을 읽어 보자는 목표를 세워 실천해 나갔습니다.

공부한 것들은 길거리 상담에서 바로바로 실전에 적용되었습니다. 나름의 상담 임상결과도 쌓여 갔습니다. 길거리 상담이라는 것이 지나가다가 우연히 앉아 상담을 하는 경우가 많습니다. 전혀 낯선 사람들에게 최대한 짧은 시간 안에 빠르고 정확하게 상담을 해야 하는 상황이었습니다. 지하도 상담은 내게 수련기간이 되어 주었습니다. 덕분에 공부는 빠르게 늘었습니다. 그만큼 상담을 원하는 손님의 숫자

도 늘었습니다. 운명을 바꾸는 가장 큰 걸음이 공부였습니다.

"인생의 성공과 실패가 비단 노력이나 실력에만 좌우되는 것이 아니다. 분명히 운이라는 것도 크게 영향을 끼친다고 볼 수 있다. 하지만 이러한 운도 좋아하는 사람이 따로 있다. 바로 '공부'를 하는 사람이다. 즉 운도 공부하는 사람에게 잘 따라온다는 사실이다. 물론 항상 운이 좋은 사람이란 흔치 않다. 하지만 나쁜 운이라 할지라도 공부하는 사람에게는 그러한 나쁜 운마저 좋은 운으로 바뀔 수 있다."

- 김병완, 『40대 다시 한번 공부에 미쳐라』

『최고를 향한 DNA, 프로마니아』에서 김종래 저자는 "전문가가 되려면 단순히 좋아하고 즐기는 차원을 넘어서 그것을 통해 자신의 삶을 업그레이드해야 한다."고 말했습니다.

운명을 바꾸기 위한 작은 실천 중에서 집 청소에 관심을 가졌습니다. 풍수에서 낡고 오래된 물건은 생기를 빼앗는 것으로 여겨 운을 떨어뜨리는 원인이라고 말합니다. 집 안을 살펴보고 쓰지 않는 물건을 정리 정돈하는 것은 새로운 운을 불러들이는 방법 중의 하나입니다. 장롱이나 냉장고, 창고 등에 무엇이 들어 있는지 살펴보고 필요 없는 물건이 있으면 즉시 버려야 합니다. 정리 정돈은 성공의 기회를 만듭니다. 『청소력』의 저자 마스다 미츠히는 환경정비컨설턴트로 활동하며 "더러운 방은 마이너스 자장을 만들어 악운을 불러들이고, 청소는 마이너스 자장을 없애고 운명을 호전시킨다."고 말했습니다.

이혼하면서 급하게 이사 온 주택 전셋집은 무척이나 낡고 오래된 집이었습니다. 계약할 때 곧 재개발이 될 것 같으니 재개발이 시작되면 바로 이사한다는 조건으로 이사할 수 있었습니다. 낡은 집은 청소를 해도 표가 안 났습니다. 또 곧 이사할 수도 있다는 생각에 제대로 정리도 안 하고 살았습니다. 그러나 운을 개선시켜야 되겠다고 생각하면서 집 안을 정리하기 시작했습니다. 지하도 생활을 시작하면서 비록 전셋집이지만 이사 갈 때 가더라도 살고 있는 집을 행운이 들어와 머무는 집으로 만들기로 했습니다.

먼저 물건들을 버리기 시작했습니다. 날마다 한 가지라도 버릴 것을 생각해서 버리기 시작하니 집 안이 가벼워졌습니다. 집 안이 가벼워지는 만큼 공간이 늘어났습니다. 집 안을 정리하면서 주변의 다른 것들도 정리되기 시작했습니다. 마음의 공간도 늘어났습니다. 집 안을 정리하며 집으로 들어오는 입구도 신경 썼습니다. 집 안으로 행운이 들어온다면 집 입구부터 행운이 들어오고 싶은 곳으로 만들어야겠다고 생각했습니다.

집 입구 계단부터 화분을 사다가 미니 정원을 만들었습니다. 화분을 살 때 꼭 꽃이 피어 있는 것으로 골랐습니다. 미니 정원에 봄, 여름, 가을, 겨울 사계절 동안 꽃이 피어 있도록 했습니다. 누가 오더라도 '예쁘다.', '안과 밖이 정리가 잘 되어 있는 집이다.'라는 인상이 들도록 부지런히 몸을 움직였습니다.

"몸과 마음이 정돈되면 사람은 그때까지 깨닫지 못했던 다양한 것들을 깨닫게 됩니다. 마음에 여유가 생겨나고 자신의 본성이 빛나게 됩니다. 그러면 행운의 여신이 눈앞에 나타났을 때 재빨리 운을 잡을 수 있겠지요."

— 마스노 순묘 스님, 『스님의 청소법』

많은 사람이 정리하고 청소하면 운이 좋아진다고 말한다. '어떻게 정리만으로 운명을 바꿀 수 있을까?'라는 의문이 든다면 '작은 성공'이란 개념을 주목해보자. '작은 성공'은 인지심리학의 대가인 칼 와익 미시건대 경영학 교수가 제안한 성공을 위한 하나의 전략이다. 성공하기 위해서는 가시적인 성과를 낼 수 있는 작은 단위의 일들을 나눠서 실행하면 된다고 말한다. 여기서 핵심 키워드는 '가시적'이란 단어다. 직접 손으로 만지거나 남들에게 보이거나, 비교해 볼 수 있는 것처럼 확인 가능한 결과를 만드는 것이다. 그러면 그다음 작은 성공을 얻기 위한 태도가 저절로 갖춰지게 된다.

책상에 앉아 공부하기 전에 정리나 청소를 하고 싶거나, 정리 후에 기분이 좋아져서 집중이 잘되는 경험을 해 본 적이 있을 것이다. 눈에 보이는 성공은 다른 일에도 전염이 된다. "가만히 앉아 있는 사람에게는 아무 일도 일어나지 않는다."는 말이 있다. 기회는 노력하는 자만이 가질 수 있는 것처럼, 부지런히 움직이는 사람에게만 좋은 일이 생긴다는 뜻이다. '운'이라는 단어는 한자로 '옮길 운'이다. '움직인다'는 뜻을 가지고 있다. "움직일수록 작은 성공의 경험이 만들어지고, 작은 성공은 다음 성공을 불러온다." — 윤선현, 『부자가 되는 정리의 힘』

길을 묻는 인생에게

작은 실천들이었습니다. 빚을 갚기 위해 녹즙 배달을 하고, 역학 공부를 열심히 하고, 집안 청소를 하는 것들이 사소한 행동들인 것처럼 보이지만 내 운명을 바꿀 수 있다면 책 속에 나오는 어떤 작은 것이라도 실천하기로 했습니다, 머릿속에 운명을 바꿔야겠다는 생각을 한 순간도 놓치지 않고 행동하였습니다. 좋은 일은 더 열심히 하고, 해서는 안 되는 행동들은 되도록 하지 않으려 노력했습니다. 미래의 걱정 같은 것은 접어두고 내가 지금 할 수 있는 일들은 최선을 다해 해보자며 실천했습니다. 나는 궁했고 변하려 애썼습니다.

4. 이야기를 들어드립니다

"살면서 외로울 때가 없으세요? 누군가 내 얘기를 들어 줄 사람이
필요할 때 말이에요."

"암(癌)이라는 한자를 살펴보면 중간에 입 구(口) 자가 세 개 들어 있죠.
입이 세 개라는 뜻입니다. 입이 세 개나 필요할 정도로 하고 싶은 말이
많은데 그걸 산에 가두어 막아 버렸다는 뜻입니다. 사람들이 마음속에
하고 싶은 말들을 풀어내지 못하고 가둬 두면 스트레스가 되어 결국 암에
걸린 상태에 이르는 것 같습니다. 대체로 암은 몸 안의 세포가 악성으로
변해 발생하는 것으로 알고 있습니다. 암은 몸의 내부에 문제가 생겨 발
생한다는 겁니다. 그런데 몸의 내부 문제는 마음의 스트레스나 소통 문제
와 깊은 관련이 있다는 것이 저의 생각입니다." – 조신영·박현찬,『경청』

길거리로 내려가 앉을 때 선생님의 첫 번째 미션이 '아래로 내려
가는 운을 미리 내려가서 더 이상 내려가지 못하도록 막으라.'였습
니다. 두 번째 미션이 '길거리에서 사람과 직접 부딪혀서 사람들의
고민을 들어주고 해결해 주라.'였습니다. 사람들 곁으로 다가가서 적
극적으로 사람들을 도우면 자연히 내 운도 나아질 것이라는 선생님
의 처방이었습니다.

"석순이가 조실부모하고 빌어먹었는데, 도저히 먹고살 도리가 없었다. 석순은 할 수 없어 서역국에 가서 복을 빌어 오기로 하고 길을 떠났다. 도중에 처녀 혼자 사는 집에 유숙하였는데, 처녀가 자신의 남편감이 누구인지 알아다 달라고 부탁하였다. 다음에 다시 어떤 노인댁에 유숙하였는데, 배나무에 배가 열리지 않는 이유를 알아다 달라고 부탁하였다. 며칠 후에 강물에 당도하였는데, 이무기가 수천 년이 되어도 승천하지 못하는 이유를 알아다 달라고 부탁하면서 강을 건네주었다. 서천 서역국에 당도하여 노인에게 부탁받은 대로 물어보았다. 노인은 자기 일도 못 하는 놈이 남의 일까지 한다고 하면서 부탁받은 질문에 대답해 주었다. 돌아오는 길에 이무기에게 여의주를 하나만 가져야 한다고 하였더니, 이무기는 여의주를 뱉어 총각에게 주고 승천하였다. 다음 노인을 만나 배나무 아래 묻혀 있는 금 단지를 파내야 한다고 하였더니, 노인은 금 단지를 파내어 총각에게 주었다. 처녀를 만나 처음 만난 남자가 배필이라고 하였더니, 총각이 바로 첫 번째 만난 남자라고 하면서 혼인하였다. 석순은 결국 여의주와 금 단지를 얻고 처녀와 혼인하여 돌아와 잘 살게 되었다."

― 정재민『서역국에 가서 복을 타온 석순』

석순은 복을 타러 서역국에 가는 과정에서 처녀, 노인, 이무기의 고민을 듣습니다. 돌아오는 길에 이무기의 고민을 해결하고, 노인의 고민을 해결하고, 처녀의 고민을 해결해 주면서 복을 구한다는 설화입니다. 다른 사람의 고민을 해결하는 과정이 결국에 자신의 고민도 해결하는 방법이었습니다.

다른 사람의 고민에 동참하자. 그러면 그것이 내 고민을 해결하리라.

선생님은 운명을 바꾸는 방법이 남을 돕는 것이라 알려주셨습니다. 내가 가장 잘하는 것이 사람들의 말을 들어 주고 공감해 주는 것입니다. 내가 배운 학문이 사주명리학입니다. 과거부터 지금까지 사주명리학이 사람들 곁에서 살아남을 수 있었던 것은 체계적으로 발전을 하면서 사람들 사이에서 담당해 온 것들이 있어서입니다. 직업과 학업, 건강과 체질, 심리 상담을 담당했고, 사람들의 가장 가까운 곳에서 인생 상담을 하면서 사람들에게 친구가 되고 위안이 되어 주었기 때문입니다.

불안해하는 사람들의 미래를 조금이라도 밝혀 주어 사람들에게 삶의 희망을 주고자 하는 것이 역술가들입니다. 인공지능이 발전하는 미래에도 사람들 곁에 있어 줄 학문이 역학이며 역술가의 직업입니다. 지금까지 이 세상에서 사람들에게 필요하지 않는 직업은 사라져 왔습니다. 나를 지하도까지 내려가게 하면서 역술가의 길로 가게 한 것은 하늘이 준 소명이 있을 것이라 생각했습니다. 내가 아무리 오랫동안 사주명리학 공부를 해왔다 한들 미래의 일들을 모두 맞출 수는 없습니다. 나는 미래를 예정하는 예언가가 아니고, 미래를 예측해 보며 사람들 곁에서 인생 상담하는 역술인이 되고자 했습니다. 명리학은 위로의 학문이기 때문입니다.

간판집에서 현수막을 하나 제작해서 지하도 벽에 붙였습니다.

"이야기를 들어드립니다."

현수막을 붙이고 앉아 있는 첫날에 사주풀이 손님이 아닌 순수하게 이야기를 들어봐 달라고 부부가 내 앞에 앉았습니다. 저녁 식사 후 산책을 다녀오는 길이라 했습니다. 현수막 글귀가 신기하다 하셨습니다. 진짜 이야기를 들어 주느냐며 물었습니다. 진짜로 이야기를 들어드린다 했더니 오가는 사람 많은 길거리에 앉아서 부부는 정말 사는 이야기를 하셨습니다. 부부 사이에 일어난 이야기를 하시면서 내 의견을 물어보시기도 했지만 대체로 본인들의 이야기를 하셨습니다. 나는 가만히 두 분의 이야기를 들어드리기만 했습니다.

30여 분을 이야기하시더니 이야기 값을 내놓으시고 가셨습니다. 나는 그냥 열심히 들어드리기밖에 안 했는데 그분들은 뭔가를 쏟아내고 가시는 듯이 후련해하셨습니다. 혼자 사시는 80대 할머니는 이야기를 들려주는 단골이 되셨습니다. 혼자 지내시다 보니 적적해하셨는데 지하도에 내려오면 내가 있어 좋다며 사진도 찍어 주시고 점심도 싸 오시곤 했습니다.

지하도를 지나다니며 며칠에 한 번씩 시외버스 타러 가시는 시계 보따리장수도 가실 때마다 잠시 무거운 가방을 내려놓고 여기저기 장사하러 다니시는 이야기를 풀어 놓으셨습니다.

60대 후반 아주머니는 새로 시작한 사랑 때문에 가끔 우시곤 했습니다. 서로 좋아하는 70대 아저씨에게 아내가 있어서 가슴앓이 하시는 얘기를 하실 때면 안타까우면서도 사랑에 나이가 없구나 싶었습니다.

어떤 할머니가 혼자 키워낸 손자가 학교에서 말썽을 부려 소년원에 가게 생겼다며 답답한 마음을 풀어낼 때면 같이 마음 아파했습니다. 시어머니 때문에 힘들어하는 며느리의 눈물도 닦아줬습니다. 20대 청년이 미래가 불투명해서 힘들다며 이런 저런 얘기를 하고 가기도 했습니다.

직장에서 있었던 얘기를 풀어놓고 가시는 양복 입은 팀장님도 있었습니다.

자식, 남편, 사랑, 사업, 건강, 직업, 사람관계 등등.

사람들은 지하도 바닥에 앉은 내 앞에서 그들만의 고민을 이야기하고 갔습니다.

"'들을 청(聽)' 자를 부수로 자세히 뜯어보면 왼쪽에 '귀 이(耳)' 자 밑에 '임금 왕(王) 자'가 있습니다. 그리고 오른쪽에는 '열 십(十) 자' 밑에 '눈 목(目) 자'를 옆으로 눕혀 놓은 글씨가 있고 그 아래 '한 일(一)' 자와 '마음 심(心)' 자가 차례로 놓여 있습니다. '들을 청(聽)' 자의 마지막 조합은 바로 일 심, 즉 한마음이지요. 들을 때는 상대의 마음과 하나가 되어야 합니다. 단순히 말소리를 들었다고 해서 상대의 말을 이해했다고 생각하면 큰 착각입니다. 진정한 듣기는 말하는 상대의 생각과 마음을 읽는 것입니다. 상대의 말이 어떤 의미를 갖는지를 파악하기 위해 그의 표정이나 눈빛, 태도 등의 보디랭귀지를 열 개의 눈으로 파악하면서 들으라는 뜻이겠지요."

— 조신영·박현찬, 『경청』

'혜심' 지혜로울 혜(慧), 마음 심(心).
'지혜롭게 사람의 마음을 읽는 사람이 되라.'는 뜻의 나의 호입니다.

나는 사람들이 상담하러 오면 그 순간 나의 온 정신과 마음을 텅 빈 상태로 만듭니다. 백지 상태에서 순수하게 사람들의 말을 받아들입니다. 오래전부터 알고 지낸 사람이든, 전에 나와 얘기를 나눈 사람이든, 전혀 모르는 사람이든 상담을 시작하는 그 순간에 백지 상태에서 사람들의 말에 몰입합니다. 나의 판단과 생각을 내 머릿속에 가득 채운 상태로는 절대로 상대의 이야기를 들어줄 수 없습니다. 내 생각과 내 판단이 들어 있는 대화는 자꾸 주장을 하려고 상대의 말을 끊게 되어서 상대는 하려던 얘기를 밖으로 제대로 꺼내지 못합니다. 마음을 열지 못하는 것입니다. 그러면 상대는 입을 닫습니다.

듣기만 하면 안 됩니다. 말하는 것을 들어주며 되물어 주어야 합니다. 사람들은 이야기를 나누며 구체적인 질문을 던지면 자신의 얘기를 들어주는 것 같아서 좋아합니다. 상대의 마음을 열어야 제대로 된 이야기를 나눌 수 있습니다. 이야기를 들어주는 일을 하면서 듣는 방법도 깨달아 갔습니다.

내 운명을 알고 바꾸고자 시작한 일이 내가 가장 잘할 수 있는 방법으로 사람들의 이야기를 들어주는 일이었습니다. 사람들을 도우며 내 운을 개선시켜 나갔습니다.

5. 외로움으로부터 나를 지켜준 사람들

울지 마라. 외로우니까 사람이다.

살아간다는 것은 외로움을 견디는 일이다.

공연히 오지 않는 전화를 기다리지 마라.

눈이 오면 눈길을 걷고 비가 오면 빗길을 걸어가라.

갈대숲에서 가슴 검은 도요새도 너를 보고 있다.

가끔은 하느님도 외로워서 눈물을 흘리신다.

새들이 나뭇가지에 앉아 있는 것도 외로움 때문이고

네가 물가에 앉아 있는 것도 외로움 때문이다.

산 그림자도 외로워서 하루에 한 번씩 마을로 내려온다.

종소리도 외로워서 울려 퍼진다.   - 정호승의 『수선화에게』

운명이 내리막으로 내려갈 때 가장 먼저 떠나가는 것이 사람이었습니다. 믿었던 사람들이 등을 돌렸습니다. 외로움이 삶을 가득 채웠습니다. 지하도 생활을 하면서 외롭다고 느낄 때마다 읽으며 위안을 받았던 시입니다.

내가 자리 잡은 지하도 옆 도로를 끼고 큰딸이 다니는 고등학교가 있었습니다. 큰딸의 친구들이 지하도를 이용하며 학교를 오갔을 것입니다. 큰딸은 엄마가 길거리에 앉아 있는 것이 부끄러웠을 텐데도 언제나 스스럼없이 엄마를 찾아와 주었습니다. 내가 지하도 상담을 마칠 시간이 되면 같이 짐도 옮겨주고 심부름도 해 주고 갔습니다. 작은딸도 학원 다녀오는 길에 지하도에 들러서 학교생활, 학원생활에 대한 수다를 떨다 가곤 했습니다. 지하도 옆 칼국수집은 딸들과 내게 단골집이 되어 갔습니다. 딸들에게 엄마가 있는 지하도는 부끄러운 장소가 아니라 엄마의 사무실 그 이상도 그 이하도 아니었습니다.

> "사랑이 상대방이 가진 것에 끌려 시작된다면, 우정은 상대방의 결핍을 알아보며 시작된다. 그래서 때론 사랑보다 우정이 더 어렵다. 가진 것을 알아보는 건 어렵지 않지만, 가지지 못한 것에 마음을 내 주는 것은 쉽지 않으니까."
>   – 이영의『어쩌다 어른』

가끔 고급 승용차를 몰고 와서 지하도 옆 주차장에 주차시키고 잘 차려입은 사모님들이 지하도에 내려옵니다. 친구들입니다. 다른 곳에선 사모님 소리 듣는 사람들이 자신들의 친구가 길거리에 앉아 있다는 이유로 찾아와서는 자신들도 길거리에 앉았습니다. 지하도에 앉아 있는 내가 추울까 봐 장갑을 사오고, 두꺼운 양말을 사왔습니다. 겨울엔 지하철역 분식점에서 뜨거운 어묵 국물과 커피를 사왔습니다. 여름에는 팥빙수를 사고 아이스크림을 사들고 와서 길바닥에 신문지 깔고 앉아서 같이 먹었습니다. 오고 가는 사람들이 길바닥에 앉아 수다 떠는 우리들을 쳐다보고 가는데도 아랑곳하지 않고 먹고 마셨습니다. 그런 친구들의 모습을 보며 어쩔 땐 미안하기도 하고 감사하기도 하며 웃음이 나오기도 했습니다. 지하도 길바닥이라도 친구가 앉아 있다는 이유만으로 같이 있을 수 있다는 사실에 놀라웠고 그렇게 해주는 친구들이 고마웠습니다. 내가 나일 수 있도록 나를 지켜준 사람들입니다.

하나둘 단골이 늘어나고 주위에 소문이 퍼졌습니다. 지하도 근처 동네 사람들뿐 아니라 지하철역, 관공서까지 유명인사가 되었습니다. 누군가 올려놓은 SNS를 보고 찾아오는 사람들이 늘었습니다. 처음에 텃세를 부리던 인근 상가 사장님들이 내가 위험하고 어려운 상황에 처했을 땐 오히려 나를 지켜주는 이웃이 되어 주었습니다. 지나가면서 인사를 건네고, 먹을 것을 챙겨오는 따뜻함이 지하도 길거리라는 어둡고 삭막한 곳을 훈기가 도는 곳으로 바꿔 주었습니다. 지하도를 떠날 때는 누구보다 아쉬워해 주었던 사장님들께 감사합니다. 지하도에서 인연 맺은 손님들이 내가 다시 사무실로 들어왔을 때는 든든한 후원자가 되어 주었습니다. 내가 빠르게 사무실에서 자리 잡을 수 있도록 도와주었습니다.

사람이 재산이 되어가는 것을 경험한 시기입니다.

6. 지하에서 지상으로

만 2년을 지하도 길바닥 생활을 하고 오피스텔 사무실로 들어왔습니다. 지하도 생활 두 번째 여름을 지나면서 선생님께서 이제 그만 올라오라 하셨지만 상담 손님이 많아지니까 오히려 자리를 털고 일어서기에 미련이 남았습니다. 그런데 구청에서 노점 단속이 심해졌습니다. 자꾸 노점 단속 나오는 공무원들에게 민폐가 되는 것 같아 선생님의 도움으로 오피스텔로 들어올 수 있었습니다.

요즘은 관찰예능, 리얼리티 예능이 대세입니다. 책 속이나 매스컴에서 접하는 유명인들의 삶이나 성공한 사람들의 이야기는 먼 나라 이야기처럼 가슴에 와 닿지 않습니다. 나와는 관계없는, 내 생활과 동떨어진 사람들의 이야기이기 때문입니다. 그래서 설정으로 하는 예능은 이제 외면 받고 있습니다. 공감을 받을 수 없기 때문입니다. 지금은 공감의 시대입니다.

지하도 길바닥에서, 사무실에서 같은 시간을 살아가는 이웃들의 이야기를 듣는 생활을 하고 있습니다. 그들의 이야기는 곧 나의 이야기이기도 합니다. 나의 삶들이 투영되어 그들의 이야기에 공감을 할 수 있었습니다. 이웃의 고민 중 일부는 예전에 내가 했던 고민이기도 하고, 지금 나도 하고 있는 고민이기도 하고, 앞으로 어쩌면 내가 할 수 있는 고민들이기도 합니다.

보통 사람들이 살면서 한두 가지나 겪을 인생 사건들을 내게 모두 경험하게 한 것은 이 직업으로 사람들 곁에 있으라는 하늘의 뜻으로 받아들였습니다. 내가 힘든 일들을 경험해 봤기에 누구보다 그들의 심정을 이해할 수 있었습니다. 진정한 위로를 해 줄 수 있었습니다. 선생님께서 지하도로 내려갈 때 '사람들의 이야기를 들어주고 고민을 풀어주라'는 미션을 내린 이유를 2년의 길바닥 생활을 통해 알게 되었습니다. 그냥 지식으로만 상담했더라면 몰랐을 사람들의 마음을 진정으로 헤아리게 되었습니다. 하늘이 하는 일은 어느 것 하나 허투루 하는 일이 없는 것 같다고 생각했습니다. 길거리 생활 2년은 사람들의 삶에 공감하고 위로해 주면서 조언해 주는 상담가로서의 소명을 깨닫는 시간이었습니다.

나는 지상으로 올라오면서 새로운 꿈을 꾸기 시작했습니다. 길거리 생활에서 일어나 지상으로 올라온 경험들을 나누며 사람들에게 꿈과 희망을 주는 사람이 되자고 다짐했습니다. 운명을 바꾸겠다는 생각으로 작은 노력들이지만 실천을 해 나가면 반드시 운명을 바꾸어 살아갈 수 있다는 사실을 사람들에게 알려주고 싶었습니다. 힘들고 지친 사람들에게 친구가 되어 주고 위로가 되어 주고 싶다는 꿈을 꾸기 시작했습니다.

세상은 고통으로 가득하지만

그것을 극복하는 사람들로도 가득하다.

– 헬렌 켈러

3장. How?

길을 묻는 당신에게

1. 부모 그릇, 자식 그릇

"고3 아들의 진로를 잡아야 하는데 어디로 해야 할지 모르겠습니다. 아들은 중3 때부터 군인이 되고 싶어 했습니다. 저는 안 된다고 했죠. 저는 아들이 제 곁을 떠나는 것을 상상할 수 없습니다. 기계공학과 진학해서 기술을 익혔으면 합니다. 평범하게 직장 생활하기를 원합니다."

"혹시 아드님 사주를 풀어 보신 적이 있나요?"

"아니요. 처음입니다. 아들이 원하는 군인을 제가 말리는 것이 맞는지 확신이 없어 왔습니다."

"사주팔자라는 것에는 사람의 직업이 나옵니다. 어떤 사람들은 사주에 구체적인 직업이 나와 있습니다. 이 부류는 어려서부터 하고 싶은 일과 성향이 뚜렷합니다. 누가 봐도 그 일을 할 사람이라든가. 나는 이런 사람이 될 거야, 그럽니다. 어떤 사람들은 그 사람이 종사할 분야 정도가 나오기도 합니다. 하고 싶은 일이 여러 개입니다. 이것도 하고 싶고 저것도 하고 싶어 합니다. 대부분의 사람들의 사주는 어디서 무엇을 하면서 살아야 할지가 안 나오는 경우가 더 많습니다. 부모들이 '우리 아이가 하고 싶어 하는 일이 없어요.'라고 말하는 경우입니다. 지금 아들의 사주는 명리학 공부를 조금이라도 한 사람이면 금방 알 수 있는 직업이 나타나 있습니다. 군인, 경찰, 법조계 등 사람의 생살여탈권을 가진 직업들입니다. 아들은 일치감치 그것을 알아챈 것 같습니다. 영특한 아이네요."

"군인이나 경찰은 위험하잖아요. 다치거나 하면 어떡해요. 그래서 말리려고 왔습니다."

"어머니 말대로라면 우리나라 군인들과 경찰들은 모두 병원에 있어야겠네요. 그것은 핑계고 아들을 곁에 묶어두고 싶은 엄마의 이기심 아닐까요? 엄마라는 존재는 강해야 합니다. 뒤돌아 혼자서 울지라도 자식들 앞에서는 강한 모습을 보이는 것이 엄마입니다. 훌륭한 위인들 보면 강한 어머니의 교육이 있었다는 것을 많이 알잖아요. 아들이 군인이 되는 것보다 지금 아들이 자신의 곁을 떠나는 것에 대한 두려움을 갖고 계시잖아요. 자식이 원하는 일이 있는데 엄마의 욕심으로 그 아이의 하고 싶은 일을 막는 엄마는 진짜 엄마가 아닌 것 같네요."

"네. 맞아요. 아들이 어렸을 때입니다. 아들을 등에 업고 버스를 탔는데 버스 안에서 어떤 노인이 아들에 대해 말한 것이 기억납니다. 아들이 커서 공직에서 큰일을 할 수 있을 것 같다 했습니다. 저는 아들이 공무원이 되려고 하나 기대하고 키웠습니다. 그런데 갈수록 공부를 안 하는 거예요. 공부를 안 하는데 어떻게 공무원이 됩니까?"

"그분이 잘 보셨네요. 다만 엄마의 해석이 달랐던 것 같습니다. 공직이라고 주민 센터, 구청, 시청에서만 근무하는 것 아니잖아요. 그런 행정직 말고 나라를 지키는 무관직, 즉 군인, 경찰, 소방관들도 공무원입니다. 그분은 행정직 공무원이 아니라 무관직 공무원을 말했던 것 같습니다."

"저는 아들이 평범하게 대학 졸업하고 기술이나 배워 제 곁에서 생활하기를 바라왔습니다. 고3에 올라가는데 아들의 진로에 혹시 내가 잘못 판단한 것은 아닌가 싶어서 왔는데 아들의 사주를 들어보니 제 생각이 잘못되었나 봅니다."

"상담을 하다 보면 가끔 부모들이 착각을 하는 것 같습니다. 자신의 아이들이니 자식의 진로를 부모가 결정할 수 있다고 생각합니다. 부모들이 자신들의 그릇은 살피지 않은 채 아이들을 부모의 그릇에 담을 수 있다고 착각합니다.

아들 같은 경우도 삶의 모양을 그림으로 그리면 삼각형 모양이고 엄마의 그릇은 동그라미입니다. 엄마의 동그라미 안에 아들의 삼각형을 구겨 넣으면 아들의 삼각형의 끝부분들이 모두 잘려 나갈 수밖에 없습니다. 그러면 아들의 삶이 기형아가 됩니다. 부모들은 자신의 그릇을 살필 줄 알아야 해요. 자식들이 부모가 담을 수 있는 그릇의 자식인지 부모보다 더 큰 그릇의 자식인지 알아볼 필요가 있습니다.

또 아이들은 자신의 삶에 사과를 열리게 하고 싶은데 부모가 감이 먹고 싶다고 감을 열리게 해야 한다고 강요하기도 합니다. 부모라는 이름으로 자식들의 꿈을 무시하기도 하죠. 부모들의 욕심과 대리 만족을 위해 아이들의 적성과 생각을 고려하지 않는 경우도 많습니다. 핑계는 자식을 위한 일이다, 하면서요.

아들은 운이 좋은 것 같습니다. 엄마가 아들의 미래를 진지하게 생각했고 아들의 생각을 존중했으니까 오늘 저를 찾아왔을 것입니다.

상담하면서 아들의 생각이 옳았다는 것을 알고 가시는 것만으로도 아들의 삶이 성공한 것 같습니다. 사주에 있는 직업은 돈을 잘 벌고 직위가 높아지는 것을 말하는 것이 아닙니다. 삶의 만족도가 다르다는 뜻입니다. 그 직업으로 가져오는 행복도가 높다는 뜻입니다.

20대 간호사 세 명이 같이 왔었습니다. 두 명의 사주에는 간호사 직업을 나타내는 기운이 있었습니다. 그래서인지 한 명은 오랫동안 같은 병원에서 근무하고 있었습니다. 다른 한 명은 병원은 바꼈지만 간호사라는 직업을 그만둘 생각은 없었습니다. 그러나 한 명의 사주에는 어디를 봐도 간호사라는 직업을 찾기가 어려웠습니다. 역시 그 한 명은 베이커리를 배워서 그쪽 일로 전직을 하려고 준비 중이었습니다. 그렇게 같은 직업을 가지고 있어도 만족도가 달랐습니다."

3장. HOW? 길을 묻는 당신에게

"우리 집 스물세 살 딸입니다. 유아교육학과를 졸업하고 6개월 유치원 선생님 하다가 그만두고 다시 공부 시작한다더니 역시 휴학계 내고 쉬고 있습니다. 이 아이의 진로를 어떻게 잡아줘야 할지 걱정입니다."

"유치원 선생님들이 아이들만 돌보는 것이 아니고 잡무가 유달리 많은 직종이죠. 그래서 이직이 많은 걸로 알고 있습니다."

"맞아요. 우리 딸도 아이들 돌보는 것은 재미있는데 밤늦게까지 해야 할 일이 정말 많더군요. 원장 선생님과의 갈등 때문에 그만두었습니다."

"딸의 사주를 살펴보면 직장 그릇이 약합니다. 직장 그릇이 약하다는 말은 큰 조직에서 일하기 적합하지 않다는 뜻입니다. 소규모 직장이나 프리랜서형 직업이 어울립니다. 아니면 재물 그릇이 잘되어 있으니 장사 형태로 나아갈 수 있습니다."

"공부를 중단하고 저렇게 놀고 있는데 쳐다보기 답답합니다."

"지금 아무 생각 없는 것이 당연합니다. 딸아이가 그동안 마음의 상처를 많이 입은 상태입니다. 자존감이 떨어져 있습니다. 세상으로 다시 나갈 의욕이 없습니다."

"그런 것 같아요. 우울해하는 것 같습니다."

"둘째나 셋째 아이들의 사주를 보면 어지간한 일 정도는 자신들이 한쪽 귀로 듣고 한쪽 귀로 흘려보내며 버틸 힘이 있는 사주이나 큰딸은 남들이 1로 받을 스트레스도 3~4로 받을 수 있는 기질을 가지고 있습니다. 작은 일에도 상처를 크게 받는다는 뜻입니다."

"평소에 그러고 지냅니다."

"엄마가 지금부터 큰딸을 매일 안아주면 좋을 것 같습니다."

"그러게요. 둘째 딸이나 막내아들은 지금도 물고 빨고 하는데 큰애에게는 유독 다가가지지 않네요."

"자존감이 바닥이라 이대로 가면 스트레스성 질환을 앓을 수 있습니다."

"그래야 하는데 왜 큰애는 안아지지 않는지 모르겠어요. 그동안 예쁜 짓을 한 적이 없는 것 같아요."

"자식을 예쁜 짓할 때만 예뻐합니까? 무슨 엄마가 그래요? 조건부 사랑이네요. 큰아이라 유독 기대가 많았나 봅니다. 딸은 엄마의 기대에 미치지 못했고요. 아이의 성장기 학업운을 살펴보겠습니다.

사람들은 머리가 좋다는 표현을 쓰는데 명리학에서는 지식을 받아들이는 머리와 지식을 활용하는 머리로 나눕니다. 지식을 받아들이는 머리는 10개를 외우게 했을 때 3~4개 외우는 사람. 5~6개 외우는 사람. 7~8개 외우는 사람이 있습니다. 7~8개 정도가 되면 의대, 법대, 공대생들이죠. 큰딸은 지식을 받아들이는 지능이 약합니다. 아무리 공부를 해도 남는 것이 없습니다. 그러면 자연히 학업성적이 약합니다.

또 사람에게는 지식을 활용하는 머리가 있습니다. 7~8개 외웠어도 활용하는 능력이 약한 사람들을 우리가 융통성이 약하다, 고지식하다 합니다. 어릴 때 학교 선생님 중에 아는 것이 많으신 선생님이 지독히 수업은 재미없게 잘 못하시는 분들이 계셨습니다. 아마 지식을 밖으로 빼내서 활용하는 지능이 약했지 않나 싶습니다.

3~4개 외웠어도 잘 써먹는 사람들이 있습니다. 창의력이 뛰어납니다. 활용 재능이 강합니다. 지식을 넣는 데는 약해도 일단 넣은 지식은 잘 써먹습니다. 예술·기획·디자인 계통에 종사합니다. 그런데 큰딸은 활용 재능도 약합니다."

"사주에 나와 있었군요. 창의력 부분이 약한 것 같아서 내가 어릴 때부터 그 부분을 만들어 주려고 무척 애썼습니다. 그러나 안 되더군요. 나는 그동안 큰딸이 노력하지 않기 때문에 안 된다고 생각했습니다."

"만들어서 되는 부분이 아닙니다. 부모님들이 이구동성으로 하는 말이 우리 아이는 머리는 좋은데 노력을 안 해서 공부를 못한다고 말합니다. 아이들이 조금만 더 해 주면 아이들이 무척 공부를 잘할 수 있을 거라며 노력하지 않는 자식들을 답답해하며 성토합니다. 노력해도 되지 않는 것이 지능이고 재능입니다.

큰딸의 지식을 넣는 지능과 지식을 활용하는 재능이 약하니까 엄마에게 공부 안 하는 아이로 찍혔을 것이고 엄마 마음에 들지 않는 딸이 되었을 겁니다. 어려서부터 엄마의 지지와 사랑을 덜 받으며 자라다 보니 자연히 큰딸은 소심하고 자존감이 낮은 사람으로 성장했을 겁니다."

"맞아요. 내 마음은 큰애도 안아줘야지 하면서도 막상 얼굴을 보면 잘 안 되네요."

"첫아이라 기대가 크기 때문에 실망도 컸을 것입니다. 큰아이의 사주는 재물 그릇이 잘되어 있고 공부로 승부되는 사주가 아닙니다. 앞으로 10년 정도는 아직 어두운 시기를 보내야 하기 때문에 지켜보시려면 마음 단단히 하여야 할 것입니다. 그 누구보다 큰딸 자신이 더 힘든 시간을 보낼 거라는 사실을 알아주시면 좋겠습니다. 재물 다루는 관련 자격증을 따서 그쪽 일을 하게 하면 좋겠습니다. 사주에 재물 그릇은 잘되어 있는데 흐르는 운이 그 재물을 모으거나 지킬 운이 아닐 때는 직업이 남의 재물을 관리하는 일을 하더군요. 은행, 증권, 세무, 회계, 보험, 경리직, 카지노딜러 등입니다.

모든 것에 앞서 엄마가 지금이라도 딸에게 마음을 열고 큰아이를 많이 안아주면 좋겠습니다. 엄마의 체온을 느낄 수 있도록 배려해 보세요."

"제가 가장 큰 숙제를 안고 갑니다."

남자 두 사람이 들어섰습니다. 그중에 한 사람은 전에 상담하고 간 사람입니다. 친구를 소개해서 같이 왔나 봅니다.

"앞으로 내 삶이 어떨지 와이프랑 어떨지 봐주세요."

남자가 본인의 생년월일과 시만 불러주며 앞으로 삶을 물었습니다.

"올해에는 가족의 깨어짐이 들어 있네요. 와이프랑 이별운도 있습니다."

"지금 와이프는 처형 집에 가 있습니다. 앞으로도 처형 집에서 계속 살아야 할까요?"

"와이프 사주를 같이 놓고 봐야 확실하지만 남편의 사주로 봐서 당분간 떨어져 지내야 할 것 같습니다. 와이프의 사주가 없으니 타로로 보겠습니다. 타로 상황이 어쩔 수 없는 이별이네요. 그리고 집안의 상사를 조심해야 할 것 같습니다."

"상사 이야기를 하시니 이제야 말씀드리겠습니다. 사실은 제 아들이 지난 6월 현장 학습을 갔다가 사고로 죽었습니다. 그 충격으로 지금 와이프가 처형 집에 가 있습니다. 저도 잠시 있다가 왔습니다."

"그러셨군요. 정말 큰일을 당하셨네요. 처음부터 말씀해 주셨으면 더욱 쉽게 상담이 됐을 텐데 제가 맞추나 못 맞추나 시험하셨네요. 자식 일이라 듣는 것만으로 마음이 아픕니다. 이제는 아내 사주를 같이 봤으면 합니다. 부부는 원래 사주를 같이 놓고 보는 것이 낫습니다."

"불러드리죠."

"올해만이라도 아내분이 그곳에서 안정을 찾을 수 있도록 놔두시길 권합니다. 몇 년 전에 비슷한 상담이 있었습니다. 10살, 5살 아들들과 함께 가족이 여름휴가를 갔는데 5살 아들이 사고로 죽었습니다. 부부가 정말 힘든 시간을 보내는 것을 지켜보았습니다. 다행히 부부의 노력으로 다시 딸을 낳아서 극복을 했지만 그 시간이 만만하지 않더군요. 자식을 가슴에 묻은 부모의 심정을 감히 무엇으로도 위로해 줄 수 없더군요. 가끔 하소연을 들어주며 곁에서 지켜보는 일밖에는 도움이 안 되었습니다. 그러나 힘내세요."

아무리 부모들의 운이 나쁘다고 해도 상담가는 "자식이 죽겠습니다."라는 말을 하면 안 됩니다. 명리학에서 모두 알 수도 없습니다. 운이 나쁘다고 죽거나 하지도 않습니다. 복합적으로 맞물려 일어나는 일이지만 흉사에 관련된 이야기는 함부로 말할 수 없습니다. 해서도 안 됩니다. 그런 말을 하면서 겁주는 행위는 더더욱 안 됩니다. 그런데 가족 중 누군가에게 흉사가 일어나면 제대로 맞추지 못했다고 원망을 듣는 경우가 있습니다. 정말로 흉사를 예견한다는 것이 일어날 일을 예방하는 것도 아닐 텐데 원망을 많이 하곤 합니다. 혹시 가끔 미리 말하면 겁주는 점쟁이라고 터부시합니다. 몰라서 말을 못 했든지, 알아도 모른 척해서든지 미리 말을 안 해줬다고 원망을 듣고, 실력이 없다고 원망을 듣습니다. 누군가의 탓을 하고 싶은데 상담한 사람을 상대로 모든 탓을 돌리곤 합니다. 마치 말을 안 해줘서 흉한 일이 생긴 것처럼.

사람들은 조언보다는 단언해 주는 것을 좋아합니다. 그런 원망들 때문에 엉뚱한 수요가 생깁니다. 흉함을 이용하는 역술가가 생기는 것입니다. 사람들은 힘들고 어려운 것은 쉽게 기억합니다. 좋은 것은 당연하게 생각합니다. 상담가의 상담 내용 중에서 흉사가 맞으면 더 크게 느끼는 것입니다. 그러면 실력이 있다고 말합니다.

사람의 삶을 상담하는 직업이라 이렇게 안타까운 일을 상담해야 할 때는 마음이 아픕니다. 솔직히 우리의 상담이 삶과 죽음까지 모두 다 알아내기는 어렵습니다. 오늘 상담한 남자처럼 달랑 자신의 사주 하나 넣고 온 집안일을 다 알아 맞춰주길 바라지만 턱도 없는 일입니다.

또 설령 안다고 사실대로 말을 할 수도 없습니다. 명리학을 통해 조언하는 한계입니다. 명리학을 공부하고 남의 운명에 대해 조언해 주는 입장에 있는 나는 언제나 두렵습니다. '내가 과연 제대로 된 조언을 하고 있는가.' 두렵습니다. '감히 내가 뭐라고 타인의 삶에 조언을 하고 있는가.'라는 생각을 놓치지 않습니다. 될 수 있으면 희망적인 말을 하려고 노력합니다.

내 앞에 앉은 한 사람 한 사람의 삶이 너무나 소중하며 그들의 생각을 존중하려고 노력합니다. 마음에 사랑과 따뜻함을 가지고 타인의 삶을 겸허하게 바라보려 노력합니다.

"20세기 한국의 3대 명리학자 중 한 사람인 도계 박재완 선생님 같은 분도 어떠한 상담도 아주 좋은 말을 어떻게든 해 주었다고 전합니다. 평생 동안 상담하시면서 함부로 남의 운명을 재단한다든가 가르치려 하시지 않았다고 하십니다. 명리학은 조언이 본분인 학문이지 결정하고 단언하는 학문이 아닙니다. 선택하고 결정하는 것은 그 운명의 주인인 자신입니다. 역술가 자신이 마치 모든 운명의 재판관인 것처럼 당신이 모르는 운명을 내가 한 수 가르쳐 주겠노라는 식으로 말하면 사람들의 반감을 삽니다. 명리학이라는 이름으로, 운명이라는 이름으로 거짓말을 하거나 사기를 치면 안 됩니다. 대부분의 명리학자들은 최선을 다해서 진지하게 사람들의 이야기를 듣고 조언하고자 합니다."(라디오 좌파명리에서 강헌 선생님의 말)

　들는 사람에게는 한마디의 말일지라도 그 한마디를 해주기 위해 노심초사 책을 읽고 수많은 시간을 공들여 공부를 끝없이 하는 것입니다. 나는 행여 맑은 정신을 놓칠까 봐 상담을 시작한 후부터 저녁시간에 사람들을 만나는 것조차 포기했습니다. 술 냄새 풀풀 풍기거나, 잠이 모자라 하품이나 하면서 충혈된 눈으로 상담을 한다는 것은 타인에 대해 대단한 결례인 것입니다. '내가 감히'라는 생각에 허투루 상담을 시작할 수가 없습니다. 내 선입견과 나의 얕은 사고력이 조언에 영향을 미칠까 봐 언제나 상담 시작할 때는 머릿속을 백지 상태로 유지합니다. 결국 다른 사람의 삶에 대한 존중과 겸허한 마음만이 최선입니다.

"명리학을 통해 누군가에게 자신의 운명에 대해 듣고자 하는 사람들도 겸허한 마음이 필요한 것 같습니다. 재미로 사주풀이 한다고 생각하면 안 됩니다. 상담가에게 '네까짓 게 뭐라고 감히 내 운명을 말하느냐'는 식으로 허세를 부려서도 안 됩니다. 진실되게 자신을 오픈 할수록 현명한 지혜를 같이 찾을 수 있습니다. '내가 내 운명의 주인인데 내가 알아서 개척하면 되지 네가 뭘 안다고 그러는 거냐'는 식의 허세는 삶의 뜨거운 맛을 못 본 경우가 많습니다. 아무리 훌륭한 얘기도 그것을 받아들일 준비가 되어 있지 않은 사람에게는 그냥 헛소리나 잔소리일 뿐이고, 아무리 허접한 말이라도 무언가를 진지하게 받아들이는 사람에게는 조언해주는 사람의 말 하나하나가 의미 있게 들립니다. 물론 도를 넘는 얘기나 기분 나쁜 얘기, 협박하는 얘기에 대해서는 무시해도 됩니다."

- 라디오 좌파명리에서 강헌 선생님의 말

100%로 다 믿을 필요도 없습니다. 대부분의 조언들이 조심하라는 얘기입니다. 잡을 조(操)에 마음 심(心). 마음을 잡고 있으면 크게 당할 일 작게 당하도록 준비할 수 있고 모르고 당하는 것보다 알고 당하니 대처가 가능하다는 것입니다. 정말로 일어날지 안 일어날지 모르지만 조심해서 손해 볼 것은 없습니다. 조심하라는 얘기는 결국 건강, 재물, 명예, 사람에 관련한 얘기들입니다. 그런 것들을 잘 지키자고 하는 조언들입니다.

무엇보다도 최종적인 선택과 판단은 운명의 주인인 자신이 하는 것입니다. 어느 누구도 대신 살아줄 수 없는 것이 인생입니다. 내 삶이라는 것을 사는 데 있어 좀 더 현명하게, 좀 더 폭 넓게, 깊이 있는 선택을 하기 위해서 많은 책을 읽고 사람들에게 자문이나 조언을 구하는 것입니다. 인생의 조언을 구할 때 유용하게 사용되는 도구 중 하나가 명리학일 뿐입니다. 그 이상도 그 이하도 아닙니다.

명리학은 결국 인문학입니다.

4. 개명을 묻는 당신에게

　"아는 언니 아들이 이름을 개명한 뒤부터 취직이 되었대요. 갑자기 900만 원 목돈을 지원받고 여자 친구도 생기는 등 좋은 일이 많이 생겼대요. 그걸 보고 우리 집 식구들 이름을 바꾸려고 유명한 곳을 찾아가서 상담을 받았습니다. 그곳에서 제 큰딸 사주가 남편복이 없고 재물복도 없다는 상담의 말을 들었어요. 어려서부터 큰딸 이름이 안 좋다는 말은 많이 듣기는 했습니다. 큰딸의 이름을 애들 큰엄마가 옥편을 보시고 뜻 좋은 글자로 지어주신 것을 사용해 왔습니다. 이번에 개명 신청을 마치고 오늘이 판결 받는 날인데 꿈자리도 안 좋고 뭔가 찜찜하여 법원에 보류신청을 해 놓고 이곳을 소개 받아 왔습니다."

　"먼저 남편복이 있다는 것은 무엇을 뜻할까요?"

　"그야… 남편이 돈도 잘 벌어다 주고 아내에게 잘 대해 주는 것이 복 있는 거겠지요. 제가 워낙에 남편복 없이 살고 있어서인지 아직 결혼하지 않은 서른 살 딸의 사주에 남편복 없다는 말이 제일 걸렸습니다."

　"주변에 남편복이 있다는 여자들을 몇 사람이나 보신 적 있나요?"

　"글쎄요… 다른 가정들은 다들 잘 살고 있는 것 같아요. 여자들이 복이 많아서인지 남편들이 척척 벌어다 주는 돈으로 백화점에 헬스

요가 다니면서 살고 있는 것 같던데요. 그런 것들이 남편복이 많은 것 아닐까요?"

"겉으로 보이는 모습이 다일 수는 없어요. 제가 공부하고 상담해 오면서 느낀 것은 어느 삶도 평탄하지 않다는 거예요. 이것이 풍족하면 저것이 부족한 것이 인생 같습니다. 큰딸의 사주를 보면 물론 명리학적으로 남편의 그릇이 약해 보이는 것은 사실입니다. 언제든지 어디를 가서든지 딸의 사주에 대해 물어보면 어떤 빌미가 될 수 있는 구조예요. 그렇다고 '복이 있다, 없다'고 단정 지을 순 없어요. 부부 그릇이 약하더라도 주말부부로 지낸다든가, 출장이나 외근이 잦은 직업을 가지고 서로 이해하며 지내면 잘 사는 부부가 많아요. 젊어선 조금 떨어져 지내다가 중년 이후에 같이 생활하면서 잘 지내기도 하구요. 또는 본인의 직업이 센 직업이거나 남편의 직업이 센 직업이면 업상을 대체한다고 해서 부부해로 하는 경우가 많고요. 그리고 요즘은 본인 생활을 중요하게 생각하는 세대잖아요. '결혼=행복이다'라는 공식이 없어요. 혼자서도 삶을 즐겁고 행복하게 이끌 수 있으면 남편복을 논할 이유가 없어요.

현재 딸의 직업이 치과 간호사이니 이미 업상 대체를 시키고 있네요. 앞으로 살아갈 운도 좋은 편인데 '복이 있니 없니'를 말하기에는 좀 과한 것 같으세요."

"그 말을 들으니 제 마음이 안심이 됩니다."

"어머니 안심하라고 드린 말이 아니에요. 사주를 풀면서 복이 있니 없니 하는 말은 듣지도 마세요. 부모 입으로 그런 말들은 따라 하지도 마시구요. 사주팔자라는 것이 좋고 나쁨이 없어요. 있다, 없다, 좋다, 나쁘다가 아니라 삶을 어떻게 운영해 갈 것인가예요. 바라보는 관점을 바꾸면 삶이 훨씬 풍성하고 다채로워져요."

"이름은 어때요?"

"사람이 태어나면서 정하게 되는 사주팔자가 고정된 선천적인 명(命)이라면 이름은 선천적인 명을 이끄는 하나의 도구로 봐요. 그러다 보니 사람의 운명에 영향을 많이 끼치게 되죠. 이름은 인생의 주문과 같은 역할을 하거든요. 이름은 발음을 통해서 뇌 속에 각인되기 때문이죠. 사람의 이름은 정신적 운명을 담당한다고 보시면 돼요.

우리나라에는 이름 짓는 방법이 많아요. 서점의 책장 한 면을 채울 정도로 이름 짓는 책도 많이 나와 있어요. 방법이 많다 보니 가는 곳마다 이름에 대한 풀이나 감정도 제각각이구요. 많다는 것은 어느 것 한 가지도 완벽하지 않다는 뜻이기도 해요.

개명을 해서 잘 풀리는 경우를 주변에서 수없이 보게 되죠. 어느 정도 타당성도 있고요. 좀 더 나은 삶을 위해 새로운 이름으로 개명하는 경우가 2016년에 초등학생만 20만 건이나 되었대요. 성인까지 포함하면 어마어마한 숫자예요. 그래서 신생아 이름 짓기가 더 중요해졌고요. 저희가 신생아 이름을 사주에 맞게 3~4개 작명해 주면 젊은 부모들은 아이 이름을 고르는 기준에 자신들의 취향과 생각을 먼저 반영하더군요. 아이의 운명을 놓치고 고르는 경향도 많아요. 아이 사주에 맞게 고심 끝에 이름을 작명했는데도 부모 취향에 맞지 않는다고 A급의 이름보다 B급의 이름을 고르기도 하더군요.

이름은 사주의 직업에 어울리는 것도 좋아요. 사주에 직업이 관(官)스러우면 관(官)스럽게 지으면 좋고요. 예술가이면 예술가스럽게 지어야 하는데 젊은 부모들은 우선 부르기 좋은 것, 부드러운 것, 투박하지 않는 것, 중성스럽지 않은 것을 원해요. 아이가 어릴 때는 귀여운 이름이 어울릴지 몰라도 20년 후, 50년 후에도 그 이름이 어울릴 수 있을지 생각은 안 해요."

"아… 그래서 큰딸이 새로 바꾼 이름을 친구들에게 불러달라고 했는데 아무도 안 불러주더래요. 이름을 큰딸도 마음에 안 들어 하구요. 16살 작은 딸은 새로 이름을 바꾸고 나서 자꾸 죽고 싶다고 해요. 이름이 싫대요."

"아기일 때는 아직 어리니까 이름에 대한 선택권이 없었다지만 다 자란 딸들에게 무조건 좋은 이름이라며 바꾸라고 강요하셨다면 그 아이들의 인생을 또다시 엄마가 결정지으려 하신 거네요. 서른 살 딸이나 열여섯 살 딸이나 충분히 자신의 이름에 대한 선택권을 가질 수 있는 나이잖아요."

"그런 생각은 못 해 봤어요. 딸들을 위한 일이니까 그냥 좋은 이름을 주면 딸들이 사용할 줄 알았죠. 이번에 이름 지은 곳에서는 사주팔자라는 것이 구식이라 현대에는 고려할 필요가 없다고 그랬어요. 좋은 이름이란 점수가 높게 나오는 이름이 좋다고 하면서 주신 이름으로 개명하려고 했었죠."

"좋다고 판단하셨으면 그냥 개명하실 일이지 왜 개명 신청 보류를 하셨나요?"

"제가 평소에 꿈이 좀 잘 맞아요. 그런데 개명 신청을 하고 나서 계속 꿈이 안 좋았어요."

"꿈이라는 것이 사람에 따라 정말 선몽을 하는 경우도 있지만 그렇지 않은 경우가 대부분이에요. 그렇다고 꿈을 합리적으로, 과학적으로 풀 수는 없어요. 본인이 평소에 느껴 온 경험으로 말할 수밖에 없어요. 다른 사람들이 뭐라 해도 본인이 맞다면 맞는 거예요."

"딸들의 개명 신청을 어쩌면 좋을까요?"

"우리나라에서 이름을 잘 짓는다는 것은 일단 사주팔자를 간명할 줄 알아야 한다고 생각해요. 사주팔자를 무시한 이름 짓기는 위험한 것 같아요. 흘러가는 그 사람의 운도 고려 대상이고요. 이름이 최소한 20년에서 50년 정도 무난하게 불릴 수 있으면 좋아요. 이미 개명 신청 보류를 하셨고 딸들의 반응이 개명에 대해 좋지 않으니 좀 더 시간을 두고 개명에 대해 생각해 보시면 좋을 것 같네요. 자식이 잘되길 바라는 부모의 마음은 이해가 되지만 제발 부모 욕심, 부모 입장에서, 부모 입맛에 맞게 아이들의 인생을 설계하려 하지 마세요. 이름은 살아 있는 나보다 더 오랫동안 나를 대표합니다. 신중하게 의논해 보세요."

5. 사랑의 부부 싸움

"어젯밤에 남편이랑 열심히 싸웠어요."

"왜요?"

"퇴근해서 남편은 떡국을 먹고 저는 햇반을 먹었어요. 저는 점심으로 수제비를 먹었더니 떡국이 먹기 싫더라고요. 떡국을 먹던 남편이 내게 햇반을 조금 달래요. 햇반 양이 얼마나 됩니까? 제가 싫다고했죠. 주기 싫다고 했는데도 내 햇반을 한 숟가락 떠가는 거예요. 남편이 한 숟가락 가져가고 양이 작아진 햇반을 보니 갑자기 허기가 더 지는 거 있죠. 그래서 식빵 두 개를 계란 입혀서 구웠어요. 식빵이 다 구워지니까 또 남편이 달라는 거예요. 그래서 주기 싫다고 싸웠어요…."

병원에서 링거를 맞는 동안 들은, 간호사들끼리 수다를 떠는 내용입니다. 들으면서 피식 웃음이 나왔습니다. 듣고 보면 참 유치한 이야기인데 그 간호사는 아주 진지하게 정말로 화를 내며 말을 하고 있었습니다. 자신의 햇반 한 숟가락과 식빵 반 조각을 뺏긴 것이 아직도 분해 죽겠다는 듯이 말을 합니다.

30대 부부 싸움 상담이 생각났습니다.

"남편 때문에 정말 미치겠어요. 생긴 것도 밉고 하는 짓도 밉고… 저는 직장에서 힘들어 죽겠는데."

"뭐가 제일 미우세요?"

"어젯밤 일이에요. 제가 프라이팬을 새로 사왔어요. 프라이팬에 음식을 하려니까 남편이 자기가 해 주겠대요. 괜찮다고 했는데도 도와주겠다고 프라이팬 앞으로 가는 거예요. 그래서 놔두고 지켜봤죠. 결국엔 음식이 엉망이 되었어요. 제가 '내가 한다고 했잖아.'라고 말하니까 남편이 버럭 화를 내면서 '왜 짜증을 부리는 거야? 정말 너랑 안 맞아서 못 살겠다.'는 거예요. 그렇게 싸움이 시작됐어요."

싸움 내용을 듣고 어이가 없었지만 진지하게 상담을 이어 나갔습니다.

"본인은 아무렇지도 않게 말했다지만 목소리에 날카로움이 들어 있었을 거예요. 남편은 잘해 보려고 한 것이고요."

인정한다는 듯이 아무 말이 없이 듣고만 있었다.

"그런데 조심해야겠어요. 내년에 남편과 이별 운이 들어오네요. 이렇게 자꾸 부딪치면 나쁜 일이 생길 수 있을 것 같아요."

"정말요? 그러면 안 되죠. 제가 어떻게 하면 좋을까요? 참으면 되나요?"

"일단, 본인의 직장 스트레스가 집안 분위기에 영향을 주고 있다는 사실부터 아는 것이 중요해요. 자신의 스트레스 때문에 사소한 일에도 짜증을 내게 되죠. 남편이 이것도 밉고 저것도 밉고, 이것도 싫고 저것도 싫다고 남편에 대한 불만을 이야기하시더니 정작 이별 운이라는 말에 헤어지기 싫으신가 봐요. 남편은 지금 포기 상태일지도 몰라요. 자신이 더 이상 부인에게 해 줄 것이 없다고 생각하고 있을 거예요. 남자는 자신이 할 수 있는 것이 없다고 느낄 때 더 노력을 하는 것이 아니고 포기해 버린대요. 본인이 남편을 못마땅해하니까 남편이 무슨 행동을 하든 미워 보이는 거예요."

"네. 몰랐어요. 제 감정만 생각했네요. 제가 참아야겠네요."

"아니요. 부부는 참는 것도 아니고 이해해 주는 것도 아니에요. 그냥 남편을 있는 그대로 지켜봐 주세요. 남편은 한 명의 사람일 뿐이에요. 내 남편이 내 소유물이 아니고 본인의 입맛에 따라 변하는 양념장이 아니에요. 부부 사이에도 타인의 삶에 대한 존중이 있어야 해요."

부부 싸움. 발단은 거창하게 우리나라 통일 문제도 아니고 세계의 기후 문제도 아닙니다. 사소한 일들, 그러나 본인들에게는 아주 심각한 문제라고 생각하고 싸웁니다.

난 결혼 생활 동안 딱 1년만 싸웠습니다. 주로 술을 좋아해서 늦게 귀가하는 문제였습니다. 첫아이를 임신하면서 아이의 태교를 위해 부부 싸움이라는 것을 안 하기로 마음먹었습니다. 그리고 결혼 생활 16년 동안 부부 싸움을 하지 않았습니다. 그것이 대화의 단절을 불러서 이혼했는지 모릅니다.

부부 두 사람은 20년에서 30년 동안 전혀 다른 환경에서, 전혀 다른 사람을 만나고, 전혀 다른 음식을 먹으며, 전혀 다른 곳에서 성장하고 살아왔습니다. 남자와 여자라는 성별이 다르기까지 합니다. 이렇게 전혀 다른 두 사람이 갑자기 결혼이라는 제도로 묶이며 한 지붕 밑에서 한 이불을 덮고 사는 관계가 되었으니 문제가 생기지 않을 수 없습니다. 문제가 없다는 것이 오히려 이상합니다.

어차피 어떤 커플의 부부든 문제는 발생할 수밖에 없습니다. 그 문제를 어떻게 슬기롭게 해결할 것인가를 생각해야 합니다. 이럴 때 명리학은 문제 해결을 위한 조언을 해 주곤 합니다. 두 사람이 부딪친다면 이런 저런 문제가 발생될 수 있으며. 서로의 사주의 구성에서 상대의 성격을 알아보고 어떻게 대응하면 문제를 키우게 되고 어떻게 하면 현명하게 대응이 되겠는가를 조언해 주는 것입니다.

나를 알고 상대를 알면 현명한 대응이 나오는 것입니다.

3장. HOW? 길을 묻는 당신에게

6. 같이 또 하루

"재호와 인숙이는 오늘부터 공식적인 연인이 됨을 가족과 친구들 앞에서 선언합니다. 호적 정리는 안 할 것이며, 각자의 가정에서 생활하면서 자유를 보장하고, 남은 생을 같이 열심히 엔조이 하면서 살겠습니다."

'엔조이' 말에서 아들 며느리들이 빵 터졌습니다. 8년 전 돌싱남이 된 재호와 4년 전 사별한 인숙이는 동창 친구의 중매로 연인이 되었습니다. 아들, 며느리, 딸, 사위, 가까운 가족과 친구들 앞에서 공식적으로 연인이 되는 것을 선언했습니다. 살림을 합치지는 않는다고 합니다. 서로의 자유를 인정하면서 같이 엔조이 하면서 여생을 보내겠다는 멋진 선언을 했습니다.(MBC라디오 여성시대 사연)

48세 A 씨는 4년째 별거 아닌 별거 중입니다. 4년 전 남편이 갑자기 집 근처 원룸을 얻어 생활하기 시작했습니다. 이유는 각자 자유롭게 살아보자는 것이었습니다. 아침에 같은 사무실로 출근해서 하루를 같이 장사하고 밤이면 아내는 집으로 남편은 원룸으로 돌아갑니다. 집안에 일이 있을 때는 남편이 집에 와서 처리해주고 갑니다.

처음에 남편이 짐을 싸서 나갈 때 A 씨는 도저히 이해가 안 간다며 내게 상담을 왔었습니다. 그러나 지금은 A 씨가 남편 눈치 안 보고 친구들도 만나고 여가 생활을 즐기니 좋다 합니다.

B 씨네 부부는 15년 차 주말부부입니다. 부인은 영도에 살고 남편은 경남 창원에 직장이 있습니다. 금요일 오후나 토요일에 남편이 집에 옵니다. 평일에 떨어져 있다가 주말에 만나 모임도 같이 가고 등산도 같이 갑니다. 처음엔 주말부부 생활이 외롭고 이게 뭐 결혼 생활인가 싶었는데 점점 데이트하는 것 같아서 좋답니다. 오히려 일주일 내내 같이 생활했으면 참 많이 싸웠을 것 같다고 합니다. 주말부부 생활 덕분에 부부 싸움 할 틈이 없었다며 부부 사이가 더 좋은 것 같다며 은근히 자랑을 합니다.

　　현재 우리나라 1인 가구의 많은 수가 주말부부나 기러기부부라 합니다. 하지만 부부가 떨어져 사는 것이 꼭 나쁜 것만은 아닌 것 같습니다. 따로 또 같이 요즘 부부들이 현명해져 갑니다.

"사주에서 저와 시댁 관계도 알 수 있을까요?"

29세, 8개월 딸을 키우는 새댁입니다.

"시댁 식구 중에서 누구랑 힘드시나요?"

"시어머니와 새로 들어온 형님이요. 얼마 전에 아주버님이 결혼을 하셨어요. 작년에 제가 먼저 결혼을 했어요. 그런데 시어머님이 갑자기 가족 틀을 만들고 싶으신가 봐요. 꼬박꼬박 시댁에서 잠을 자고 가라고 하셔요."

"시댁이 어디세요?"

"시외에 있어요. 1~2시간 거리죠. 물론 일 년에 몇 번 가지는 않아요. 한 달에 한두 번 갑니다. 시부모님이 저희 집에 오셔서 이삼일씩 계시다 가는 경우도 많구요. 시부모님께서 저희 집에 계시다 가는 것은 괜찮은데 시댁 가서 잠을 자면 영 불편하고 잠을 제대로 잘 수가 없어요. 제가 요즘 아기 낳고 잠이 부족해서인지 시댁에서 잠을 자고 오면 제대로 잘 수가 없어서 몸이 아파요."

"어머님에게 아기 키울 동안만 이해해 달라고 말하지 그랬어요?"

"어머님 서운해하실까 봐 말 못 하고 있어요. 그리고 형님이 결혼하시면서 가족으로 들어왔는데 아직까지 제게 큰며느리 역할을 맡기는 것 같아서 서운해요. 새로 들어오신 형님은 제가 다가가려 하니까

길을 묻는 인생에게

114

거리를 두는 것 같아요."

"명리학적으로 가족관계를 다 알 수는 없어요. 그래서 '타로카드' 라는 도구를 사용한답니다. 타로카드로 시어머님이 어떻게 생각하는 지 보겠습니다. 먼저 본인의 마음 상태를 보면 서운해하는 마음이 가득하다고 나왔네요. 새로 들어온 형님에 대한 질투심도 보이네요. 그러면서 사랑을 받고 싶다는 마음도 강합니다."

"어머님도 제가 질투하는 것 같다고 하셨지만 아니라고 했어요."

"사람들은 자신이 생각하는 것과 진심이 다르게 나타날 때가 많답니다. 어머님에게는 본인을 첫 며느리로 맞이하다 보니 첫정이네요. 아들만 둘 키우시다가 며느리를 맞아서 얼마나 좋으셨겠어요. 며느리가 하나일 때는 한 명에게 사랑을 주시면 되었는데 새로 큰며느리가 들어오다 보니 어머님도 아직 시어머니 역할이 미숙하십니다. 어머님도 며느리 둘을 둔 시어머니 역할이 처음이시잖아요.

어머님은 그동안 믿을 수 있고 마음 편한 둘째 며느리에게 먼저 어떤 일을 의논하고 시키시는 것 같습니다. '왜 나에게만 일을 시키는 거야?'라고 서운해할 일이 아니고 오히려 감사해야 할 일 같습니다."

'첫정이시다.'라는 말에 갑자기 눈물을 찔끔거리면서 웁니다.

"저는 저 하나 때문에 형제간에 우애가 끊기거나 남편과 부모님 사이가 나빠질까 봐 걱정을 많이 했어요. 저는 남편이 너무 좋거든요. 시댁에도 잘하고 싶어요."

"어머님과의 사이는 걱정하시는 것보다 좋을 것 같아요. 오히려 어머님이 많이 걱정하고 계신다고 타로카드에 나오네요.

그리고 잠자는 문제는 말로 하는 것보다 편지를 한 통 써보세요. 편지를 쓰는 동안 본인의 마음도 정리가 되고 아기 키울 때까지만이라도 양해를 구해보세요."

"그 방법도 좋을 것 같네요."

"다음은 새로 들어온 형님을 보겠습니다. 형님은 본인과 잘 지내고 싶어 한다고 나오네요. 그런데 오히려 본인이 거리를 많이 둔다고 나옵니다. 형님도 힘들어한다고 나옵니다.

제가 상담하다 보면 이런 경우가 많습니다. 결혼을 큰아들이 먼저 하면 문제가 작은데 작은아들이 먼저 결혼을 하게 되면 알게 모르게 동서지간에 서로 불편해합니다. 특히 새로 들어온 손윗사람이 나이 차이가 나면 좋은데 비슷비슷할 때는 먼저 결혼한 둘째도 힘들어하고 나중에 결혼한 첫째도 힘들어합니다.

시어머님은 그동안 의논해 오던 둘째가 편하시니 무심코 둘째에게 일을 시키게 되고 둘째 며느리는 형님이 있는데 왜 내게 일을 시키느냐고 불만이고, 첫째 며느리는 자신이 첫째인데 둘째에게만 일을 시키시는 것 같아 서운하고 설 자리가 없는 것 같아서 불안해합니다. 지금은 그 집안의 질서를 잡아가는 과정 같습니다.

제가 13살 나이 차이 나는 남편과 결혼을 했었습니다. 남편이 늦은 결혼이다 보니 아랫동서들이 모두 결혼해 있었습니다. 심지어 먼저 결혼한 아랫동서들이 모두 다 저보다 나이까지 많았답니다. 그 사이에서 저의 자리를 찾아가는 과정은 힘이 들었습니다. 뭐든지 솔선수범해서 몸 안 아끼고 움직이며 적극적으로 궂은 집안일까지 했습니다. 나이 많은 아랫동서들이 저를 형님이라고 불러도 억울하지 않도록 노력했답니다.

지금 새로 들어온 형님도 늦게 결혼한 탓에 자신의 입지가 없는 것 같아서 힘들어할 것입니다.

앞으로 타로카드 상황이 동서지간에 서로 바라보는 방향은 다르지만 화합한다고 나오니까 형님의 입장도 한 번 생각해 보세요."

상담 중 전화벨이 요란하게 울립니다. 시어머님의 전화인 모양입니다. 잠시 전화기를 들고 전화 받으러 나가는 목소리가 예쁩니다. 애교가 철철 넘치게 통화를 합니다. 듣고 있는데 귀여워서 웃음이 나옵니다. 상담을 따라오신 친정어머님이 상담 내용을 듣고 계시다가 한 말씀하십니다.

"선생님, 고맙습니다. 딸이 우리 집에서 사랑 받으며 저 하고 싶은 대로 하며 살았습니다. 결혼해서도 시어른들에게 사랑을 많이 받고 있었는데 새로 큰며느리가 들어오니까 시어머님의 사랑을 빼앗기는 것 같아서 질투가 난 것 같습니다. 산후 우울증까지 온 듯합니다. 제가 해주고 싶은 얘기였지만 제 말은 들어주질 않았습니다. 선생님 말을 듣고 우는 걸 보니 마음이 풀어졌나 봅니다. 저렇게 싹싹하게 전화를 받는 것 보십시오."

한참 동안 통화하더니 자리로 돌아왔습니다.

"어머님께서 제가 걱정돼서 전화하셨네요. 선생님 말씀처럼 저를 많이 사랑하시는 것 같습니다."

"아휴. 아기를 낳은 큰 아기네요. 이런 과정들이 있어야 서로 질서가

생긴답니다. 새로 들어온 형님을 많이 이해해 주시고 거리를 두지 마세
요. 형님의 자리를 만들어 주세요. 먼저 결혼한 사람의 지혜입니다."

길을 묻는 인생에게

8. 아들이 임신을 시켰대요

"여보세요?"

"혜심! 엉엉엉엉…."

"왜요? 왜? 무슨 일이세요?"

"우리 아들이… 어엉엉어엉."

"아들이 왜요? 어디 다쳤어요?"

"아니. 여자를 임신 시켰대. 흑흑흑…."

"헐, 아니 경사잖아요. 경사스러운 일에 왜 울고 난리세요?"

"아직 결혼도 안 했잖아. 결혼도 안 하고 덜컥 임신을 하면 우짜자는 거고… 엉엉엉."

"네? 아들이 미성년자도 아니고 나이 38살에 임신이 되었는데 그게 울 일이세요?"

"겨우 직장 생활하는 주제에 뭐 먹고 살려고. 뭘로 자식을 키우려고 저렇게 일을 만든 건지 몰라."

"말도 안 된다. 무슨 엄마가 그래요?"

"지금 여자하고 인사하러 온대. 우짜면 좋노?"

"우짜긴 뭘 우째요! 인사 받으셔야죠."

"자리도 안 잡고 결혼식도 안 올리고 덜컥 애부터 만들어서 우짜면 좋노…."

"두 사람 오면 아무 말 마시고 반갑게 맞아주세요. 괜히 엉뚱한 소리하시지 마시고요. 나중에 사무실에 한번 들르세요."

며칠 후 사무실에 찾아오셨습니다.

"인사는 잘 받으셨어요? 아니, 그런다고 전화로 그렇게 우시면 어떡해요? 별말은 없이 보냈어요?"

"별말은 안 했지. 내게 이런 일이 생길 거라는 상상도 안 하고 살았는데 갑자기 아들이 임신 소식을 알리니까 덜컥 겁이 나더라고. 이 일을 우짜면 좋노 싶으니까 생각나는 사람이 혜심선생밖에 없었어."

"아니 38살의 이혼한 아들이 어디선가 좋은 인연을 만나 자식까지 생겼다는데 그보다 좋은 일이 어디 있다고 그렇게 대성통곡을 하셔요. 저보고 어쩌라고요."

"저것들이 애 낳고 살다가 또 헤어지기라도 하면 우짜겠노 싶어서."

"제가 살아가는 일에 미리 걱정 좀 하지 마시라고 10년 넘게 말하는데도 아직도 이러시네요. 부모가 걱정하고 말하는 대로 자식 일은 풀리니까 제발 좋은 생각만 하시라고 그렇게 알려드렸는데도 참 안 바꿔요."

"알지. 한 번 아들이 이혼하고 나니까 더 걱정이 늘었어."

"우선 두 사람의 궁합을 보겠습니다. 아드님의 사주를 보면 부부 그릇이 약한 것은 사실이에요. 그래서 지난번 이혼도 했어요. 그때도 그냥 주말부부 시키라니까 기어이 며느리 들볶아서 함께 살게 하더니 6개월 만에 이혼한 거잖아요. 아직까지는 아들의 부부 자리가 흔들려 있습니다."

"그러니까. 어디 가서 물어도 43살까지는 조심해야 한다고 하더라고. 그러니 내가 눈물이 안 나겠어? 저것들이 살다가 또 헤어지면 어쩔 꺼고?"

"그런다고 그렇게 엉엉 울 일은 아닌 것 같아요. 하루를 살든 일 년을 살든 평생을 살든 둘 다 성인들이잖아요. 아가씨의 사주를 보면 다행히 나쁜 운은 거의 다 지나고 있네요. 아가씨에게 결혼 운까지 있어서 아기를 선물 받았나 봅니다. 아가씨의 앞으로 운이 좋아서 아기를 잘 키워낼 것 같습니다."

"정말? 괜찮을까?"

"아들의 사주에는 자식 그릇이 약합니다. 그러면 자식이 귀합니다. 여자 사주에 자식이 있어서 들어선 것 같습니다. 자식 그릇이 약한 남자가 여자 때문에 자식을 얻게 생겼으니 감사할 일입니다. 절대로 울 일이 아닙니다. 더 나이 들기 전에 아들도 자기 자식을 품에 안아 보는 삶도 살아봐야 되지 않겠습니까? 만약에 두 사람이 헤어진다고 해도 아들의 운일 것 같으니 아들에게 가정에 충실하라고 말해 주세요. 운명도 있지만 사람의 노력도 있는 겁니다. 그러나 여자의 운이 안정기로 접어들고 있으니 걱정 안 하셔도 될 것 같아요. 아기를 잘 키울 겁니다."

"결혼 날을 잡아 왔던데 괜찮겠지?"

"네, 좋은 날이네요."

두 사람의 궁합을 보며 좋은 말을 많이 해 주었습니다. 첫 며느리와 이혼을 하고 나니 아들에게 또 그런 일이 있으면 어쩌나 걱정이 되셨나 봅니다.

얼굴빛에 평정을 찾아 돌아가셨습니다.

상담을 하면서 명리학은 조언의 학문이며 위로의 학문이라는 생각이 자주 듭니다.

사주팔자를 매개로 결국에 사람들은 위안을 받고 싶고 선택의 기로에서 조언을 받고 싶은 것입니다. 그러나 명리학은 조언을 할 뿐, 선택은 각자의 몫이며 사람의 의지가 더 중요한 것 같습니다.

길을 묻는 인생에게

"3주 전에 상담하고 갔습니다. 상담한 후에 저의 과거를 알고 싶어졌습니다. 저의 과거에 대해 알려 주세요."

"네? 아니, 자신의 과거는 나보다 살아온 당사자인 본인이 더 잘 알지 않나요?"

"네, 알죠. 그런데 제가 살아온 삶을 왜 그렇게 살았는지, 지금의 내 모습은 왜 이런 모양인지 알고 싶습니다. 과거를 통해 앞으로 어떻게 살아야 할지 미래에 대한 지혜도 얻고 싶습니다."

"그럼. 학업 운부터 볼까요? 사주팔자라는 인생 설계도에 4년제 대학 졸업장이 약합니다. 약하다는 말은 대학에 들어갔더라도 휴학이나 자퇴 등 여러 가지 이유로 졸업장을 갖기가 어렵다는 뜻입니다. 아니면 아예 대학 입학이 어렵습니다. 지나오신 학령기 운이 18세 이후부터 공부와 인연이 약합니다."

"제가 대학 나오지 않는다는 것이 있었군요. 제가 고3까지 공부 좀 한다는 소리를 들었습니다. 부모님과 주위에서 기대도 많이 하셨습니다. 그런데 막상 수능 때 시험 답안을 밀려 써서 떨어졌습니다. 그 뒤로 공부와 인연이 잘 안 되었습니다. 그래서 4년제 대학 졸업장이 없습니다. 저는 제게 대학 졸업장이 약한 줄 모르고 지금까지 대학 졸업장 없는 인생이라고 자격지심으로 살아왔습니다. 세상 탓을 많이 했습니다."

"그럼 이번엔 직장 운을 볼까요? 직장이 공무원이나 공공기관 대기업 등 큰 조직 생활은 어려우십니다. 혹시 들어가더라도 계약직이나 일찍 나오게 됩니다. 그러나 재물 그릇은 괜찮은 편이라 돈벌이는 꾸준히 하실 수 있습니다. 재물의 모습은 본인이 활동적으로 움직여야 들어오는 모습입니다. 프리랜서로 일하든지 조직에 몸을 담지만 영업직일 가능성이 높습니다."

"아. 그랬군요. 제가 영업직에서 20여 년을 일했습니다. 이제 돌아다니는 일이 신물 나서 장사나 해 볼까 했는데 안 되겠네요?"

"네. 일정한 장소를 정해 놓고 하는 일은 잘 안 됩니다. 그리고 48세 이전에 버시는 돈은 모두 본인 돈이 아닙니다. 남편이나 친정 식구들에게 들어가는 돈입니다. 아마 20여 년 돈벌이를 하셨다 하더라도 지금 수중에 있는 돈이 없을 것입니다."

"네. 없어요. 결혼 전에는 친정에, 결혼 후에는 남편이 사고 쳐서 없앴어요. 제가 앞으로 가난하게 살아야 하나요?"

"아니요. 인생의 힘든 구간을 거의 통과하셨습니다. 이제 서서히 나아질 것입니다. 남편 이야기를 할까요? 결혼이 33세 이후에 들어계시네요."

"34살에 결혼했습니다."

"그런데 남편과 결혼 생활은 15년에서 20년 정도밖에 없습니다. 사주팔자에 암시된 남편의 모습은 능력이 없는 사람입니다. 혹여 능력 있는 남자와 결혼을 했더라도 결혼 생활하면서 능력 없는 남자로 변합니다."

"사실은 제가 결혼 생활 15년 했습니다. 처음부터 혼인신고를 안 하고 살았습니다."

"네? 그게 가능해요? 어떻게 15년을 한집에서 사는데 혼인 신고를 안 하고 살 수 있나요?"

"부모님의 권유로 결혼을 했는데 처음부터 자꾸 돈 사고를 치는 거예요. 그리고 시댁에서도 돈을 요구했어요. 지켜보고 혼인 신고를 하자는 마음으로 살았더니 그렇게 시간이 흘러버렸어요. 저희는 부부관계도 하지 않았고 각방을 쓰며 살았어요. 마지막에 또 큰 돈 사고를 치기에 헤어졌죠."

"아무리 사주팔자에 부부 인연 그릇이 약하다지만 실제로 그렇게 살아오셨네요. 이번엔 자식 운을 살펴볼게요. 안타깝게도 자식이 없는 걸로 나와 있어요."

"저희가 부부 잠자리를 안 했으니 자연히 자식이 생기지 않죠. 저는 남편과 부부 잠자리를 하지 않아서 자식이 없다고 생각했는데 제 사주에 자식이 없었네요."

"네, 자식 그릇이 없으세요. 자식을 담는 그릇인 자궁에 물혹, 근종, 암이 암시되어 있어요. 나이 들어 치매도 조심하셔야 해요. 건강 검진을 자주 하며 지내세요."

"물혹이 있다고 의사선생님이 그랬어요."

"그동안 외롭고 힘든 세월을 지내 오셨네요."

"그때는 하루하루 살면서 버티기도 힘들어서 이런 생각 저런 생각할 겨를이 없었어요. 그럼 앞으로 제 운을 묻겠습니다. 저는 지난 세월처럼 평생 남자 덕이 없나요?"

"꼭 그렇다고 하겠습니까마는 그럴 수 있는 확률은 높다고 봅니다. 앞으로 새로운 남자를 만나더라도 만나는 형태를 바꿔보는 것을 권합니다. 이제는 운명을 개선시켜야지요."

"지난번에 상담한 남자와 재혼하지 말라고 하신 뜻을 이제야 알겠네요."

"오늘 상담으로 자신의 과거를 사주를 통해 알아보신 게 살아온 과거의 삶을 돌아보며 앞으로 삶을 더욱 지혜롭게 살아가고자 하는 기회였으면 해요. 새로 만나시는 상대 남자의 사주도 부부 인연 그릇이 약해서 정상적인 결혼 생활이 어려운데 본인도 같은 형태라 같이 지내게 되면 다시 헤어지는 경우가 생길 수 있어요. 지금처럼 데이트 하듯이 지내시는 것이 좋겠어요."

"그동안 3년 만나면서 제가 가슴앓이를 많이 했습니다. 제가 처음으로 좋아해 본 남자입니다."

"좋아하는 것이랑 같이 생활하는 것은 다릅니다. 아직 남자 운이 안정을 찾지 못하는 시기를 지나고 있어서 또 돈 벌어 남자 뒷감당하시는 역할을 할 거예요."

"저는 앞으로 케어 하면서 이 남자를 키워보겠다는 생각을 해 왔습니다."

"저런! 참으로 바보 같은 생각을 하셨네요. 여자 돈으로 성공하는 남자는 없어요. 그리고 부부 그릇이 약한 사람들이 같이 지내게 되면 빨리 인연이 끊어져요."

"왜 그렇죠?"

"사람에게는 인연의 양이 정해져 있는 것 같습니다. 친구 인연이든, 남녀 인연이든, 심지어 부모 자식의 인연이든… 부부 인연 그릇이 약한 사람들이 같이 지내게 되면 그 작은 양이 빨리 소멸되어 인연이 끝나는 것을 자주 접합니다. 그런데 주말부부나 기러기 생활, 선원, 교대근무 등으로 인연을 아껴 쓰면 오랫동안 부부 인연을 이어 갈 수 있어요."

"헤어져야 하나요?"

"아니요. 같이 인생길을 가시되 '따로 또 같이'라는 마음으로 만나면 좋을 것 같아요. 그동안 그분이 잘해주지 않더라도 본인이 설레고 좋았잖아요. 그걸로 된 거예요. 나이 먹어 설레는 감정을 가질 수 있는 상대를 만난 것만으로도 감사한 일 같아요."

"처음으로 설레고, 처음으로 화장도 하고, 처음으로 그 사람을 위해서 예쁘게 차려 입었어요."

"더는 욕심내지 마세요. 남자를 돌보고 밀어줘서 성공시켜보겠다는 어리석은 생각은 하지 마시고요. 본인의 생활에 충실히 살면서 가끔 만나 사랑을 나누고 인생의 친구가 될 수 있는 관계로 가세요. 그것이 본인의 인생방정식인 사주팔자를 제대로 풀고 가는 거예요. 그러면 순리가 됩니다. 욕심내지 마세요."

"오늘 저의 과거를 사주팔자를 통해 알아보니 내 삶의 일정 부분이 정해져 있었다는 생각이 듭니다."

"그래서 사주팔자를 인생 설계도라고 해요. 그런데 인생 완성도는 아니에요. 사람들은 사주팔자를 인생 완성도로 착각하더라고요. 설계도 변경이 가능하다는 뜻이기도 해요. 인생 설계도를 변경하면 곧 운명 변경이 되는 거예요. 설계도 변경을 하려면 정확히 설계도 내용을 알아야 해요. 무엇이 설계도 안에 있는지 알아야 변경을 할 수 있죠. 그 운명 변경을 위해 자신의 인생 설계도인 사주팔자를 자세히 읽어보는 방법이 사주풀이랍니다. 알아야 바꾸죠. 살아가면서 가끔 자신의 인생 설계도 점검을 해야 해요. 어떤 그릇들이 어떤 모습으로 존재해 있는지 살펴야 하죠. 알면 바꿀 수 있어요."

길을 묻는 인생에게

10. 술 귀신

　친구들과 오랜만에 만나 저녁을 먹는 자리였습니다. 갑자기 중년의 여자가 다가와서 심심해서 그러니 옆에서 이야기 좀 들어도 되느냐 묻습니다. 우리는 식당에서 일하시는 분이 잠깐 한가해서 그러나 보다 생각하고 알아서 하시라 했습니다. 자신의 테이블에서 술과 술잔을 가지고 우리 옆 테이블로 오셨습니다. 가까이 와서 보니 이미 혀가 꼬이는 상태로 술이 취해 있었습니다.

　옆에 앉고부터 우리 친구들끼리 이야기하는 중간에 자꾸 끼어들어 말을 중단시키는가 하면 듣기 거북한 말을 우리들에게 내뱉었습니다. 우리는 참다 참다 여자에게 자신의 자리로 돌아가길 권했으나 고집을 피우면서 쌍말을 시작했습니다. 식당 종업원들에게 도움을 청했으나 소용이 없었습니다. 결국 우리가 음식을 들고 다른 테이블로 옮겼습니다. 역시 자리를 따라오며 귀찮게 하더니 결국 이상한 짓까지 했고 참던 친구들이 분노했습니다. 경찰이 출동하고 우리가 식당에서 나와야 했습니다. 여자의 정신을 술이 삼킨 모양입니다.

　어릴 적 나의 아버지는 심한 의처증과 할머니의 경제적 지원이 큰아버지에게 집중되며 겪는 정신적 결함을 가지고 계셨습니다. 술을 마시지 않을 때는 집안일을 살피셨는데 술에 취해 지내는 시간이 대부분이었고 술에 취하면 폭군으로 변했습니다. 어머니와 우리들을 밤낮으로 때리셨습니다. 때리는 수준이 살인을 연상시켰습니다. 결국엔 술 때문에 젊은 나이에 돌아가셨습니다. 어머니는 아버지에게 술 귀신이 붙은 것 같다며 용한 점쟁일 찾기도 하고 절에 가서 불공을 드리기도 하셨습니다.

손님 중에 평소에는 성실하게 장사를 도와주는 딸이 밤이 되어 손님들과 한두 잔 마시다가 결국엔 테이블을 뒤엎고 손님들과 시비가 붙는 날이 계속된다는 엄마가 있습니다. 딸이 아무래도 술을 마시면 술 귀신이 붙은 것 같다며 걱정을 합니다.

평소에 착하던 사람이 술만 마시면 이상한 행동을 하는 경우를 사람들은 술 귀신이 붙었다고 말합니다. 술은 물처럼 보이지만 술은 몸에 들어가면 불이 됩니다. 높은 도수의 술에 불을 붙여 보면 불이 활활 타는 것을 보면 알 수 있습니다. 낮에 술을 먹으면 개가 된다는 말이 있습니다. 낮은 火(불), 밤은 水(물)입니다. 낮술은 낮의 火+술의 火=가중 火(불)이 되는 것입니다. 불 속에 불을 먹는 것과 같습니다. 정신이 없어집니다.

술(알콜, 火)+밤 水(물)=더 맛있습니다. 술시는 7시 30분에서 9시 30분입니다. 밤 10시부터 새벽 3시까지는 완전한 밤이 됩니다. 완전한 물(水)의 세계입니다. 양기인 사람이 술(火)을 마시면 강한 水기(물)에 불이 꺼집니다. 몸이 망가집니다. 건강을 해칩니다. 밤 10시 이후에는 술을 마시지 않는 것이 좋습니다. 술을 술시에 마시는 것도 지혜입니다.

水기가 강한 겨울에 술을 더 찾는 것은 술이 불의 성질을 가지고 있기 때문입니다. 추운 지방 사람들이 술을 즐기고 알코올 도수가 높은 술을 마시며 더운 지방의 사람들은 술을 즐기지 않거나 도수 낮은 술을 천천히 마십니다.

사주팔자에 水(물)기가 강하거나 많고 火(불)기를 원하는 사주일 때 술을 좋아합니다. 이런 사람들은 적당한 음주가 보약이 되기도 합니다. 그러나 사주팔자에 木火의 기운이 많으면서 술을 자주 마시면 생명을 재촉할 수 있습니다. 술을 마시고 간이 나빠지는 경우입니다.

대부분의 실수와 범죄가 술과 더불어 이루어집니다. 사주에 영매 체질을 놓은 사람들이나 사주가 약한 사람들은 정신을 점령당합니다. 생년월일시만 있다면 술 귀신의 정체를 알 수 있고 사주풀이를 해서 술 귀신들을 찾아내는 것이 우선이지만 운명을 개운시키는 방법 중에 술을 마시지 않는 것도 들어 있습니다.

법구경에 "처음에는 사람이 술을 마시지만 그 다음에는 술이 술을 마시고 마지막에는 술이 사람을 마신다."고 했습니다. 술에 대해 생각해 볼 일입니다.

11. 눈물은 치료제이다

몇 번 눈이 붉어지나 싶더니 갑자기 눈물을 펑펑 쏟습니다. 그동 안 꾹꾹 눌러 온 슬픔이 터졌나 봅니다. 처음의 씩씩하던 모습은 씩 씩한 척이었습니다.

A 씨는 농업직 공무원을 꿈꾸며 다니던 직장까지 그만두고 시험 을 준비해 왔는데 올해 또 떨어졌습니다. 육아휴직을 다른 사람들 눈 치 안 보고 사용할 수 있고, 정시 퇴근해 저녁 있는 삶이 보장되고, 나 이 들어도 직장이 흔들리지 않는 공무원이 되고 싶었답니다. 그런데 두 번이나 떨어지니 자존감이 바닥이고 다시 시작하려니 두렵고 그 러나 다시 공부를 할 수밖에 없답니다. 공무원 시험 준비한다고 7년 사귄 남자와 헤어지기까지 했습니다. 서른 살. 청춘은 불안한 미래와 가슴 속에 묻은 사랑 때문에 눈물을 쏟았습니다. 씩씩한 척 버티다가 터트린 눈물. 나는 가만히 티슈 한 장을 건넸습니다.

B 씨는 아직 미혼입니다. 목소리는 가벼워 하늘을 날아갈 것 같습 니다. 장사를 하고 있습니다. 사주를 풀어주며 건강 이야기 중에 몸에 물혹이 여기저기 많이 생기는 사주이니 체크하면서 살아야 할 것 같 다 했더니 이미 온몸 여기저기에 많은 수술을 했노라 했습니다. 앞으 로도 조심하고 집안 식구들에게 조심해야 할 것 같다 했더니 내 말을 받아서 언니도 또 다른 언니도 그리고 작년에 여동생도 말기 암으로

항암 치료 받고 있는 중이라며 펑펑 울기 시작합니다. 여동생의 사주를 보며 올해를 잘 견뎌주길 마음속으로 빌었습니다. 한동안 울더니 B 씨는 다시 날아갈 듯한 목소리로 인사하고 갔습니다.

대학교 1학년생을 둔 어머니의 아들 상담입니다. "아들 사주에 4년제 대학 졸업장이 없습니다. 올해와 내년은 열심히 놀 것 같네요." 했더니 역시나 휴학했답니다. 심지어 집을 나가 친구 집에서 생활하며 아르바이트 중이라 합니다. "올해는 그냥 내버려 두세요." 조언했더니 갑자기 억울한 듯 웁니다. 초, 중학교 때까지 1등까지는 아니지만 곧잘 공부를 해 주어 기대를 많이 했는데 고등학교 때부터 성적이 안 나오더니 이렇게 휴학까지 한다면서 지금 놀면 남들은 달려가는데 20대의 시간이 아까워서 어떻게 하냐며 웁니다. 엄마의 마음은 안타깝습니다.

대학 법학부 2학년 아들이 휴학 후 사법고시 시험을 쳐서 4번을 떨어졌답니다. 올해는 행정고시 준비 중입니다. "아들의 고시가 어려울 것 같습니다."라고 상담하니 엄마의 판단으로도 아들이 그릇이 안되는 것 같은데 운 좋게 대학 법학부를 들어간 것 같다고 합니다. 그래도 주변의 아들 친구들이 고시 준비해서 붙는 것 같다며 이번에 또 떨어지면 아들의 앞으로 목표를 어디로 둬야 할지 막막하다며 웁니다. 먼저 졸업한 딸 역시 공부에는 취미 없이 소주병을 방 구석구석 숨겨두며 마신다고, 왜 내 아이들은 잘 풀리지 않느냐며 웁니다.

멋진 신사복을 입고 온 당당한 모습의 남자 손님도 아내에게, 부모 형제에게, 친구 동료에게, 그 누구에게도 내뱉지 못한 채 꼭꼭 눌러 둔 가슴속 감정을 상담 중에 알아주면 체면 불구하고 눈물을 쏟습니다. "이렇게 우는 사람들도 있습니까? 부끄럽네요.", "네. 열 사람이 오면 상담 중 5~6명은 울곤 합니다. 부끄러워하지 않으셔도 됩니다."

취업이 안 된다고 우는 청춘, 자식 일이 안 풀린다고 우는 부모, 사랑, 돈, 건강… 사람들마다 우는 이유는 여러 가지입니다. 상담 중에 가슴속 숨겨 둔 내면의 이야기까지 끄집어내어 주면 툭 하고 눈물을 쏟습니다. 누구나 가슴 한편에 억눌러 둔 감정 한두 개는 숨겨두고 있나 봅니다. 눈물을 쏟으며 그들은 내 앞에서 우는 것을 부끄러워하지 않습니다. 이미 내가 진심으로 그들의 삶과 마음을 헤아렸기 때문입니다. 그 순간에 쏟아 낸 눈물은 슬픔이 아니라 힐링이라는 걸 알기에 나는 가만히 티슈 한 장을 건네주는 역할만 합니다. 감정을 추스를 때까지 기다려줍니다.

그렇게 울고 나서 돌아갈 때는 아무 일 없었다는 듯이 씩씩한 모습으로 사무실을 나섭니다. 뒷모습을 보며 지친 그들의 삶이 치유되기를 기도합니다. 언제나 내 옆에는 티슈 한 통이 준비되어 있습니다.

12. 5백 받는 남편 월급이 적어요

"카이스트생도 떨어진다는 직장에 남편이 두 번이나 합격해서 다니는데 그런 직장이라면 돈을 많이 줘야 할 것 아닌가요?"

"남편 월급이 얼마신데요? 제법 돈 그릇이 크다고 나오는데요."

"공기업에 다니면서 달랑 5백 정도 벌어요. 제 친구 남편들은 월 2~3천 갖다 주거든요. 남편이랑 결혼한 것이 후회돼요. 왜 나랑 결혼했느냐고 남편에게 말했어요. 제가 아가씨일 때는 혼자서 5~6백을 쓰면서 살았어요."

"그때 그 돈은 어떻게 마련해서 쓰셨나요?"

"제가 아르바이트해서 2백 정도 벌고 아버지가 3~4백 주셨죠. 하고 싶은 것, 쓰고 싶은 것 마음대로 하면서 살다가 결혼 후에 남편이 벌어오는 5백으로 살려니 숨이 막혀요. 계속 우울증 약을 먹으며 지내고 있어요. 남편은 착하고 좋은 사람이에요. 저를 정말 사랑하고요. 그런데 좀 덜 사랑하더라도 돈을 더 갖다 주면 좋겠어요. 또 착하고 집안일을 잘 도와주고 나를 사랑하는데 다른 걸로 나를 힘들게 해요. 물도 보리차 끓인 물이 아니면 안 먹고 청소, 집안일들… 서장훈이나 허지웅 씨 아시죠? 그런 타입이에요. 도와준다고 따라다니면서 해 주는데 오히려 가만히 있어 주면 좋겠어요. 해 주는 것이 정말 제 마음을 불편하게 해요. 제발 해 주지 말라 하는데 그대로 놔두면 안 된다고 하면서 치우고 다녀요. 정말로 그 꼴이 보기 싫어요. 잘은 모르지만 허지웅 씨나 서장훈 씨가 나쁘거나 못된 사람들이 아니잖아요. 오히려 매력 있어 보일 때도 많아요. 그런데 여자들이 같이 살기엔 좀 힘든 사람들 같아요. 너무 깔끔하잖아요. 저희 남편이 그래요. 차라리 좀 나쁜 사람이면서 마음을 편하게 해주는 남자였으면 좋겠어요."

"아내가 결혼하기 전에 사기 당한 돈까지 갚아주려고 애쓰고 쪼들리게 살아도 이혼 생각 안 하시는 좋은 남편 같은데요."

"맞아요. 제가 결혼하기 전에 사기 당한 것이 억대가 있었어요. 거기에 이자까지 몇 천이 있었어요. 이번에 결국엔 고소에 져서 아버지랑 남편이 갚아주었지만 그 이자랑 상대 변호사비까지 제가 줘야 한다네요. 지난번에 선생님이 소송에 질 거라고 하셨잖아요."

"그때 소송에 이길 가망이 없어서 사기 당한 돈이지만 대신 갚아줘야 할 것 같다고 그랬었죠."

"물론 남편에게 미안하죠. 그래서 제가 이혼하자고 했더니 남편이 돈이 어렵다고 이혼하는 것은 말이 안 된다 하네요. 절대로 이혼은 안 한대요. 저도 처음 결혼 생활 시작할 땐 철없이 썼지만 지금은 그렇게 안 살아요. 그런데도 매일 신경안정제를 먹고 있어요. 내가 왜 이렇게 살고 있나 싶어서 약 안 먹고는 살 수가 없어요.

제가 아버지 밑에서 대학원까지 최고 교육을 받았듯이 제 딸에게 그렇게 해주고 싶어서 월 200 정도 드는 영어유치원을 보냈어요. 이제 그만두게 해야 할 것 같아요. 단돈 10만 원이 없어요. 남편도 며칠 전에 처음으로 친구에게 200만 원을 빌렸다고 하더군요. 그 말을 하면서 펑펑 울더군요. 그런데도 저는 남편이 무능해 보여서 싫어요. 남편은 제가 남편을 돈 많이 못 번다고 무시한다고 그래요."

"투자한다고 아파트를 두 채나 대출 받아 사셨으니 이자 갚느라 힘드신 거고, 사기 당한 돈 갚느라 힘드신 건데 너무 남편을 원망하시네요."

"제가 제 친구들처럼 어릴 때나 솔로일 때 어렵게 살았다거나 힘든 생활을 해왔다면 아마 이런 생활에서 남편의 월급이 커 보일수도 있었겠죠. 그런데 30년 넘게 최상으로 살다가 결혼 후 쪼그라든 삶을 살려니 모든 것이 결혼을 잘못해서 남편 탓으로 느껴져 힘든 것 같아요. 친구들은 대학원까지 나랑 같이 졸업해서 레벨에 맞춰 결혼하니까 월 2~3천 벌어다 주는 남편을 두고 파출부를 일주일에 3일 부르니까 안 되겠다며 5일 불러야겠다는 고민하면서 사는데 저는 아이 영어 유치원도 그만두게 했어요. 제 삶이 날마다 우울하고 죽고 싶어요. 제 인생이 왜 이렇게 꽉 막혀 있는지 좀 봐 주세요. 언제까지 이렇게 거지같은 생활을 하며 살아야 하는지, 아님 죽는 것이 낫는지 알고 싶어서 왔어요."

돈 잘 버는 아버지를 둔 집안의 딸입니다. 며칠 전에는 그 집의 다른 형제가 와서 아버지가 정말 싫다고 했습니다. 그런데 아버지에게 경제적 도움을 아직 받고 있으니 어쩔 수 없지만 아버지가 싫은 것을 어쩌면 좋냐고 푸념하고 갔습니다. 80세가 넘으신 그 집의 아버지는 자식들을 키울 때 돈으로 온갖 것을 다 해주셨겠지만 정작 자식들이 세상을 바라보는 관점을 잘못 갖게 하신 것 같습니다. 팔순의 아버지

는 자식들의 이런 푸념들과 더 도와주지 않는다고 아버지를 원망하
는 마음을 알고 계실까요. 자식 교육에 대해 다시 생각해 봅니다. 지
금도 캥거루 새끼 품듯이 자식을 품고 있는 노인들 상담을 많이 하는
데, 자식들을 위해 자신의 전셋집까지 다 내주고자 하는 마음이 현명
한지 생각해 볼 일입니다.

길을 묻는 인생에게

13. 꿈을 묻는 당신에게

"삼십대 중반에 다니던 회사를 그만두고 제가 하고 싶은 일을 시작했습니다. 그 일이 잘 안 되었습니다. 지금 제 나이 40입니다. 제 인생은 실패인 것 같습니다."

"왜 벌써 실패한 인생이라고 말하세요?

하고 싶었던 일을 4~5년 해 보시고 잘 안 풀린다고 이제 겨우 40살에 실패한 인생이라고 말하시나요? 제 친구 얘기 좀 할게요. 20살에 공군사관학교에 입학했습니다. 우리나라 하늘을 지키는 파일럿이 되었습니다. 예편 후 민항기 조종사로 새 출발을 했습니다. 그때는 고민도 많이 하고 방황하는 시간도 있었습니다. 소형비행기 부기장, 대형기 부기장, 소형기 기장, 드디어 작년에 대형기 기장이 되었습니다. 그 자리에 오기까지 30년이 걸렸습니다.

보통 기상이라는 직업을 들으면 연봉이 높은 직업으로만 말합니다. 친구의 그동안의 생활을 보면 끝없는 자기관리의 연속이었습니다. 정기적으로 통과해야 하는 건강테스트에 몸무게조차 일정한 제약이 있었습니다. 어학은 물론이고 조종기술 테스트 통과를 위해 끊임없이 공부를 했습니다. 여러 나라를 오가다 보니 불규칙한 시차 적응이 가장 힘든 일이라 했습니다. 낯선 나라 호텔에서 지내는 외로운 시간들이 대부분이라 자기와의 싸움의 시간들이었습니다.

30년이라는 시간이 그냥 흘러온 것이 아닙니다. 그 시간을 지켜본 나는 대형기 기장이 되었을 때 축하한다는 말과 함께 수고 많았다고 말해 주었습니다. 제 친구는 이렇게 한 분야에서 최고가 되기까지 30년이라는 시간과 끊임없는 자기관리와 노력이 있었습니다. 그런데 이제 40세. 4~5년의 노력만으로 실패한 인생이라는 말은 너무 이른 것 같습니다.

공병호의 『명품 인생을 만드는 10년 법칙』이라는 책도 있습니다. 어떤 분야에서 자신의 자리를 잡는 데 최소한 10년은 투자되어야 한다고 합니다.

저를 봐도 벌써 15년째 명리학 공부를 하고 있는데도 언제나 부족함을 느낀답니다.

이제 40세입니다. 아직은 뭔가에 올인 해 볼 수 있는 나이라고 생각합니다. 더 이상 실패한 인생이라 생각하지 마시고 10년 후 50세에는 다른 말이 나오도록 10년만 더 노력해 보세요."

"철학관 상담이 처음이라 했는데 어떠셨어요?"

"처음엔 엄청 겁을 먹고 왔어요. 이상한 말이나 무서운 말을 들으면 어쩌나 하고요."

"그러셨구나."

"상담을 하고 나니 남편이 이해가 됐어요. 저는 남편의 역량이 부족하고 능력 부족이라 생각해서 잔소리하고 미워하고 실망했거든요. 제 주변에 좀 산다는 사람들이 많은데 내가 그들의 삶에 못 따라가는 것 같아서 모든 책임을 남편 탓으로 생각했어요. 남편이 돈을 많이 못 벌어서 내가 이 모양으로 산다고 원망했어요."

"남편이 지금 엄청 힘든 운을 지나고 계시다고 그랬잖아요. 남편 자신의 일도 헤쳐 나가기 벅찬 운에 아내가 땅을 사서 투자하자고 하고, 더 넓은 집으로 이사 가자고 조르면 얼마나 힘드셨겠어요?"

"몰랐어요. 나는 남편의 회사 일은 당연한 것이고 더 나은 삶을 위해 머리를 써야 하는데 남편의 역량이 부족해서 투자를 못 한다고 미워했어요. 남편이 회사 일은 당연히 잘 하고 있겠지 생각했는데 남편에게 미안해지네요. 오늘부터 그러지 않아야겠어요. 그리고 이곳의 상담이 점을 보는 곳이 아니라 지혜를 얻어가는 과정이라는 말이 와닿았어요."

"맞아요. 철학관 상담이라는 것이 그 사람의 당면한 문제를 해결해 준다기보다는 상담을 통해 조언을 받고 상담을 받는 사람 스스로 올바른 선택을 하는 데 도움을 받는 곳이죠. 때로는 위로나 격려를 받기도 하죠. 나를 알고, 타인을 알고, 상황을 알고 이해하는 데 더 큰 의미가 있어요. 어떤 문제의 상황을 더 정확히 알기 위해서 선천적인 상황을 알아보는 '사주명리학'이라는 학문을 통해 사주팔자를 분석도 해 보고 시간과 공간의 상황을 알아보는 '육임학'이나 '기문둔갑'을 이용하기도 하고 점을 쳐보는 '육효학'이나 '타로학'을 이용하기도 하는 거예요. 그 외에도 성명학, 풍수학 등이 있어요. 결국 이런 학문들 모두 사람이 살아가면서 부딪치는 문제를 해결할 지혜를 찾아가는 과정에서 사용되는 방법들일 뿐이죠. 그런 학문들과 함께 철학관 선생님들의 일반상식과 직감과 영감을 더해서 상담하는 거예요. 의사 선생님도 환자의 병을 고치기 위해 문진도 하고 피도 뽑고 각종 검사를 해서 약 처방도 내리고 주사도 놔주고 수술도 하고 물리치료도 하잖아요. 몸의 병을 치료하는 방법이 여러 가지인 것과 같아요."

"제가 오늘 상담한 것들이 제 동생 귀에 들어가지는 않겠죠?"

같이 오신 어머님이 말했습니다.

"상담 내용이 다른 사람에게 전해지지 않는다는 것은 내가 장담한다. 내게 말해주지 않은 것 때문에 선생님에게 서운한 것이 많지만 나는 서운했더라도 말을 전하지 않는 것이 맞으니까 선생님을 이해한다."

"어머님께서 서운하셔도 어쩔 수 없어요. 아드님, 따님, 며느님들이 따로 내게 오셔서 상담한 내용들을 다른 가족에게 알려드릴 순 없어요. 이곳은 남에게 말이 나갈까 두려워하지 않고 은밀한 상황과 속 마음을 내비치는 곳이라 한 사람 한 사람의 상담이 절대로 제 입을 통해서 나갈 수 없어요. 가끔 상담 중에 다른 사람의 실례를 들어 상 담자를 이해시켜야 할 때는 누군지 모르게 실명과 인적상황을 밝히 지 않고 내용만 사용하는 정도예요. 가끔 소개하신 분들이 소개해 준 사람의 상담 내용을 궁금해하시지만 저는 '그분에게 물어보세요.'라 고 끊어요."

"철학관 상담이라는 것을 잘 모르고 막연히 두려워하고 편견을 가지고 있었는데 문제 해결을 위해 같이 지혜를 찾아가는 과정이라 는 말에 든든한 내 편이 생긴 것 같아서 좋습니다."

3장. HOW? 길을 묻는 당신에게

15. 이번 일만 잘되면

"이번 일이 잘되겠습니까?"

"기다리시는 일은 기약이 없거나 아예 없던 일이 될 수도 있는 일이네요."

"그러면 안 되는데… 제 돈이 3억이 들어갔습니다."

"일은 시작도 안 했는데 무슨 돈이 그렇게 많이 들어갔나요?"

"중간에서 일을 봐주는 소장이 일이 잘되면 일감을 내게 몰아준다고 해서 이래저래 소장에게 몇 번 돈이 갔습니다."

"주실 때 어떤 근거는 남겨 놓으셨나요? 예를 들어 통장으로 송금을 했다든가 차용증을 받으셨다든가."

"아니요. 3억이 한꺼번에 간 것이 아니고 여러 번 나눠서 이런저런 이유로 갔습니다. 전부 현금으로 줬습니다. 금방 일이 시작될 거라하기에… 한 번 두 번 주다 보니…."

"그 소장에게 돈이 가기 시작한 지 얼마나 되셨나요?"

"2년 좀 넘었습니다. 며칠 전에는 소장이 딸 밑으로 급하게 써야한다고 좀 달라고 해서 사채 빌려서 오백만 원 해 줬습니다. 아파트 주차장에서 만나…."

"그 소장은 상습범이네요. 그리고 무슨 돈 관계가 그래요?"

"이번 일만 터지면 제게 기회가 좋습니다."

"아무리 기회가 좋아도 얼마나 땀 흘려 일을 하셔야 3억 이윤을 남길까요? 기다리시는 일이 쉽지가 않겠습니다. 일도 일이지만 무슨 돈이 3억이나 갈 수 있나요?"

"아… 마누라 알면 저는 이혼입니다. 그동안 가지고 있는 돈과 집을 담보로 대출 받아서 소장에게 돈을 해줬습니다. 마누라는 가지고 있던 돈만 준 줄 알아요. 집 담보 대출 받은 것과 이번에 사채 오백만 원은 모릅니다."

"기다리시는 일이 쉽게 터질 일이 아닌 것 같습니다. 미련 갖지 마시고 빨리 돈을 받아 낼 궁리하시는 것이 빠를 것 같네요. 아마 그 돈을 받는 것도 쉽지 않을 테지만…."

60대 남자의 상담입니다.

"고향에 선친에게 받은 땅이 좀 있지. 그것을 작년에 부동산 하는 사장에게 명의를 넘겨주었어."

"왜요?"

"부동산 사장이 고향에 개발이 있다고 그 일만 잘되면 내게 큰돈을 줄 수 있다면서 돈이 필요한데 잠시 명의 이전을 해서 대출을 받게 해주면 3개월 뒤에 명의를 원래대로 돌려놓고 수고료도 꽤 큰돈을 준다고 했거든."

"명의 이전해 준 지 얼마나 되셨어요?"

"벌써 1년이 넘었네. 명의를 다시 돌려준다면서 차일피일 이유를 대면서 미루기만 하는데 땅을 돌려받을 수 있을까?"

"속으신 것 같으니 얼른 가서 등기부 떼어 보세요."

"아니야. 그 사장이 지금도 고향에서 잘나가는 사람이야."

며칠 후.

"큰일 났네. 그 땅이 부동산 사장 명의가 아니고 전혀 모르는 사람 이름으로 되어 있었네. 그 사람에게 어떻게 된 거냐고 물었더니 걱정 말라면서 대출 받기 좋은 사람으로 명의를 한 거니까 바로 해결해 준다는데…."

"거 봐요. 속고 계시네요. 법적 고발이라도 안 하시면 그 명의를 돌려받기 어려우세요."

3개월 후.

"부동산 사장이 명의 돌려준다면서 기다려 달라 하는데 어째야 할지 모르겠네."

"아직도 아무 조치도 안 하셨어요?"

"아무래도 해야 하겠지?"

"제가 빨리 하셔야 한다고 했잖아요?"

그 뒤로도 어떡하면 좋겠냐고 몇 번을 물었습니다.

1년 후.

"내가 기다리다가 이번엔 정말 고소를 했거든. 그런데 그 사람이 고소 풀어주면 돈 구해서 해결한다는데 고소 취하해 줄까? 그럼 돈 구해서 빨리 해결해 주지 않을까?"

"안 됩니다. 돈을 구해서 땅을 찾기 전까지는 어떤 것도 해 주시면 안 됩니다."

75세. 아직 나름 성공하시고 싶다는 꿈을 품고 계신 남자입니다.

"완도에 해수면 개발이 있다고 선배가 귀띔을 해주는데 허가만 떨어지면 큰돈이 고정으로 들어오는 아이템이라 투자 좀 했어. 언제쯤 허가가 날 것 같은가?"

"그 허가가 쉽지 않겠습니다."

"그렇겠지. 관공서 일이 쉽겠나. 이번 일로 여러 번 사람이 바뀌었대. 그래도 이번엔 잘 될 것 같다는데 언제쯤 일이 터질까?"

"어렵겠습니다. 투자하신 돈을 회수할 방법을 찾으셔야겠어요."

50대 남자의 상담입니다.

"아들 취업 때문에 아시는 분이 노조 실력자에게 부탁해본다 해서 3년 전에 4천만 원이 갔는데 아들이 언제 취직이 될까요?"

"쉽지 않겠습니다."

"쉽지 않으니까 지금 3년째 기다리고 있구먼."

"다른 일자리를 알아보시는 것이 빠르겠습니다."

"마땅히 아들이 일할 곳이 없어서 그래. 기다리는 회사에서는 정말 연락이 안 올까?"

60대 아버지의 상담입니다.

"수능을 잘 못 봤습니다. 저는 간호대에 가고 싶어서 재수를 하고 싶습니다. 그런데 엄마는 점수 맞춰서 그냥 대학에 가라고 합니다. 제가 재수해서 간호대에 갈 수 있을까요?"

"왜 간호대 가고 싶으세요? 간호사 일이 무척 힘든 직업인데요."

"취업이 잘 돼서요."

"취업 때문에 간호대를 생각하기에는 그 공부가 쉽지 않던데요. 제 딸이 간호사라 옆에서 지켜봐서 알아요."

"그래도 우리나라에서 가장 확실한 취업이 되는 곳이잖아요."

"제가 보기에는 사주적성도 간호사가 맞지 않고 실제로 간호사 자격증이 있어도 간호사로 근무하지 않는 경우를 상담하면서 많이 봅니다. 꼭 재수를 해야 할까요?"

"제가 하고 싶은 것이 없어요. 목표도 없어요. 그나마 취업이 잘 된다기에 간호대를 가고 싶었습니다."

"그랬구나. 보통의 고등학생이니까 너무 의기소침해 마세요. 재수를 하시든 점수에 맞춰 가시든 우선 자신이 뭘 하고 싶은지 생각하는 것이 좋을 것 같아요. 아직 하고 싶은 일이 없는 것이 당연해요. 사주를 상담하다 보면 자신의 직업이 확실히 나타나 있는 경우는 20% 정도 돼요. 나머지 80%는 뚜렷이 나타나 있지 않아요. 뭘 할까를 고민하는 것이 잘못된 것이 아니라 보통이라는 말이에요. 명리학 상담은 사주팔자를 통해 선천적인 자신의 적성을 알아보고 인생의 길을 찾는 데 조금이라도 단축해 보고자 참고하는 것이에요. 그러나 저는 20대 때에는 뭐든지 해보라고 해요. 20대는 그럴 자격이 있어요. 연예인이나 유명하신 분들. 아니면 주위에 있는 어른들을 보시면 자신이 전공한 학과와 전혀 상관없는 곳에서 일하고 계신 경우가 정말 많아요. 대학에 가서 동아리 활동을 하면서 하고 싶은 일을 찾는 경우도 있고요. 사회생활 하면서 찾는 경우도 있고요. 의사 박경철이나 정치인 안철수의 이력을 보면 금방 알 수 있어요.

이곳에 와서 엄마들이나 20대 언니 오빠들이 가장 많이 물어보는 것이 공무원 합격이에요. 공부 좀 한다는 소리 듣는 사람들 거의 다가 공무원 시험을 준비하는 것 같아요. 직장이 보장되니까.

그래서 몇 년씩 시간을 흘려보내요. 저는 공무원 시험 공부도 하고 싶다면 20대 때에는 합격 운이 있든 없든 해보라고 해요. 다만 기간을 정해서 도전해 보고 그 기간 안에 안 되면 다른 길을 찾아야 한다고 말해줘요. 그래야 가보지 않은 길에 대한 미련이 없으니까요. 20대니까 누릴 수 있는 특권의 시간이에요. 지금 상담해 보니 간호업과 맞지 않는 사주적성을 가지고 있고 공부를 부지런히 하시는 것 같지는 않지만 재수를 해서라도 도전해보고 싶다면 해보세요. 괜찮아요."

주말이면 20대 청춘들의 상담이 많습니다. 수술실 간호사, 유치원 교사, 예술치료사, 요양병원 영양사, 회사원 등. 직업을 가지고 있는 사람에서 아직 취업 준비생인 사람들까지 있습니다. 근무지 변경을 묻기도 하고, 당장의 삶은 아이들을 돌보지만 대학원 공부를 시작하여 교수님을 꿈꾸기도 하고, 유치원 원장을 꿈꾸기도 하고, 돈을 모아 건물주를 꿈꾸기도 합니다. 하고 싶은 일과 지금 하고 있는 일 사이에서 선택을 고민하기도 하고 전혀 다른 일에 도전을 해보고자 하기도 합니다. 그러나 연애에 대한 관심을 보이지만 정작 열애 중인 20대는 적습니다. 모두들 불안한 미래에 대한 고민들이 대부분입니다. 미래에 대한 불안 때문에 때론 눈물 흘리기도 하고 부모님의 의견과 자신이 하고 싶어 하는 일의 간극 사이에서 힘들어하기도 합니다.

나는 그들에게 대부분 같은 결론을 줍니다.

"해 봐!"

20대에는 뭘 해도 되는 시기이니 뭐라도 해 보라 합니다. 비록 그 길에 희망이 보이지 않아도 그 또한 소중한 경험으로 남을 테니까 그것도 인생의 재산이 된다고 말해 줍니다. 인생을 먼저 살아 온 선배로서, 20대 딸을 둔 엄마로서, 명리학을 공부한 선생님으로서 무엇이라도 그들에게 도움이 되고자 최선을 다해 상담을 합니다. 사주상담이라기보다는 사주팔자를 매개로 꿈과 희망에 대해 많은 말을 하고자 합니다. 나와의 상담이 그들에게 힘이 되었길 바라봅니다.

『새로운 미래가 온다』라는 책으로 유명한 미래학자 다니엘 핑크가 2009년 우리나라를 방문했을 때의 일입니다. 어느 기자가 한국의 젊은이들에게 해주고 싶은 조언을 부탁했습니다. 그러자 그는 이렇게 답했습니다.

"계획을 세우지 마라."

아니 미래학자가 계획을 세우지 말라고 충고하다니? 기자가 어리둥절해하자 그는 이렇게 설명했습니다.

"스무 살에 이걸 하고 다음에는 저걸 하고, 하는 식의 계획은 내가 살 때 완전히 난센스다. 완벽한 쓰레기다. 그대로 될 리가 없다. 세상은 복잡하고 너무 빨리 변해서 절대로 예상대로 되지 않는다. 대신 뭔가 새로운 것을 배우고 뭔가 새로운 것을 시도해 보라. 그래서 멋진 실수를 해 보라. 실수는 자산이다. 대신 어리석은 실수를 반복하지 말고, 멋진 실수를 통해 배워라."   – 김난도, 『아프니까 청춘이다』

3장. HOW? 길을 묻는 당신에게

월급 150만 원을 받는 계약직 직장인입니다. 가족이 다섯 식구입니다. 8년 전부터 남편은 밖의 사람이 되었습니다. 사업이 망해 모든 것을 잃고 빈털터리가 된 후부터 남편은 집을 그저 남에게 보이는 테두리로 생각합니다. 150만 원 정도의 생활비를 주면서 밖으로만 돕니다. 23살 딸은 대학을 다니고 21살 아들은 군대에 가 있습니다. 지금 18살 고2 아들을 뒷바라지 중입니다. 그녀는 내게 물었습니다. 다른 집 자식들은 서로 잘 지내는데 왜 내 집의 아이들은 따로따로 사는지 모르겠다고 합니다. 다른 가족들이란 아이들을 통해 만나 모임을 이어가는 학부모들입니다.

예를 들어 작은아들은 해군에 다니는데 말년입니다. 한 달에 한 번 이상 휴가를 오는데 밤에는 친구들 만나러 밖으로 나가고 아침에 엄마가 출근할 때까지 늘어져 자고 있다고 합니다. 아들에게 밥 한 끼 같이 먹자고 애원했는데도 아들은 시간이 없답니다. 다른 집을 보면 아들들이 휴가 나오면 가족들과 시간을 보내는데 자신의 아들이 밖으로 도는 것이 부부 사이가 안 좋은 가정 탓인 듯하다고 자책을 합니다. 고2 아들이 공부해야 하는데 가정이 화목하지 못한 것에 상처를 받을까 봐 전전긍긍하고 있는 중입니다.

남편과 이혼을 하고 싶은데 남편이 밖으로 돌면서 이혼을 하지 않으려 한답니다. 20여 년을 자식들에게만 올인 하며 인생을 살아왔고 앞으로도 자식들 바라보며 살고 싶은데 자식들은 엄마의 마음과 다르게 행동하면서 점점 떨어져 나간다고 속상해합니다. 거기에 친정 식구들과의 갈등이 심합니다.

가만히 30여 분 정도 이야기를 들어주었습니다. 넋두리일 수도 있고, 하소연일 수도 있었지만 중간에 말을 끊지 않고 다 들어주었습니다. 상담시간이 오버가 되었으나 가족들만 바라보고 살아온 여자의 삶을 말로라도 뱉어낼 수 있도록 기다려주었습니다. 내가 보기에 우리 주변에 흔한 가정의 모습이고 남편의 모습이고 자식들의 모습이었습니다. 그러나 끊임없이 주변 학부모들의 자식들과 자신의 자식들을 비교하며 내 자식만 왜 이렇느냐고 푸념하고 있었습니다.

내가 물었습니다. "지금 나이 49세. 앞으로 10년 뒤 59세의 삶을 꿈꿔본 적 있나요?"

내 질문에 눈만 꿈벅꿈벅 대답이 없었습니다. 한번도 생각해 보지 않은 질문을 받은 듯했습니다. 그리고 대답했습니다.

"지금 삶도 힘든데 무슨 10년 뒤입니까. 생각해 보지 않았어요."

나는 자식, 남편, 친정 식구들에게서 뚝 떼어낸 자신의 삶을 살아보길 권했습니다. 자식들에게 자신의 삶을 보상받으려 하지 말고 주변의 자식들과 비교하지 말기를 권했습니다. 자식들을 위해 살아왔다지만 모든 엄마들에겐 결국엔 자식들이 자신의 생각대로 움직여주기를 바라는 마음이 깔려 있습니다. 그 마음을 조금만 내려놓기를 권했습니다.

한 집안의 기둥인 엄마가 행복해하는 가정이라야 남편도 돌아오고, 자식도 돌아옵니다. 자신의 삶을 온전히 살아가지 않은 채로 남편, 자식들에게 자신의 삶을 얹어 놓으면 언제나 불행할 수밖에 없습니다.

18. 가족들이 내 말을 안 들어요

여자는 날마다 숨이 막힙니다. 아들이 외고로 진학을 원했는데 여자가 고집하여 과학고로 보냈습니다. 그러나 아들이 적응을 못 해서 과학고를 그만두고 검정고시 보기를 원했습니다. 고2 초반에 일반고로 전학을 시켰습니다. 아들의 고등학교 생활 1년 반 동안 집안이 두 번이나 이사를 했습니다. 아들을 위해서. 그런데 아들이 공부를 열심히 하지 않습니다. 성적은 잘 나오는 편이라 오히려 걱정을 합니다. 갑자기 디자인 학원을 보내 달라 한다며 걱정이 태산입니다. 디자인 학원비를 대주는 것도 문제이지만 꾸준히 하지 않을 것이 뻔하기에 더 걱정입니다. 이제는 아들의 말을 믿을 수가 없습니다.

아들은 원하는 것은 어떻게든 손에 넣고 뭔가를 얻으려 하면 조건을 내걸 수 있는 딱 그만큼만 공부도 합니다. 아들은 말로는 거창하게 미국 유학까지 갈 거라는데, 전혀 공부는 하지 않는다며 고등학교 졸업이나 할 수 있을지 걱정입니다.

16살 딸은 미술공부를 하고 있습니다. 공부에는 취미가 없습니다. 50대 남편은 제대로 생활비를 가져오지 않습니다. 남편은 안하무인입니다. 남편의 말이 집안의 법처럼 되어야 합니다. 친정어머니 도움으로 산 아파트를 팔아서 장사할 궁리만 하는 남편입니다. 특히 남편과 아들 사이가 좋지 않아서 두 사람 사이에서 매일 가슴 졸이며 삽니다. 남편이 아들 꼴을 보지 않으려 합니다.

이혼을 하고 싶어도 남편이 이혼을 해 주지 않고 본인은 뚜렷한 직업이나 직장이 없어서 이혼을 못 합니다. 남편이 생활비를 제대로 주지 않으니 빚을 내서 살아가고 있습니다.

여자의 인상은 어둡고 근심이 가득합니다. 보는 사람의 마음까지 답답해질 정도의 어두운 표정입니다. 이미 굳어진 근심 어린 표정이 더 답답함을 줍니다. 나와 이야기 도중에도 자꾸 자신의 가슴을 친다거나 웁니다. 우울증이 와 있는 것 같습니다.

이야기를 하나하나 풀어가며 본인이 어떻게 하지 못하는 것들을 마음에서 내려놓기를 권했습니다. 엄마가 안달복달한다고 아들이 안하던 공부를 더 하지는 않을 것입니다. 초등학교, 중학교 때 성적이 잘 나오던 자식을 둔 엄마들은 고등학교 가서 공부 못하는 자식을 받아들이지 못합니다. 조금만 더 노력해주면 중학교 때처럼 성적도 잘 나오고 학교생활도 잘 할 것 같다고 말합니다. 주변의 학부모 엄마들에게 자식이 공부 못하는 것이 자존심 상한답니다. 그래서 자신을 자책하며 아이들에게 더 해 주려 합니다. 그런다고 아이들의 성적이 오르는 경우는 없습니다. 아이들은 그런 엄마의 마음을 이용해서 자신들이 하고 싶은 것들을 요구합니다. 공부가 벼슬이고 자식이 상전입니다. 해 달라고 하는 것을 자꾸 해 주기만 하니까 아들은 엄마에게 의존하게 됩니다. 아들은 벌써 마마보이가 되어 가고 있었습니다.

아들을 어느 정도 떼어 놓기를 권했습니다. 살면서 안 되는 것도 있다는 것을 알게 해야 한다고 말해 주었습니다. 여자는 혹시나 공부라도 하려나 싶어서 고가의 물건을 사주고, 여행, 콘서트를 보내주고 있었습니다. 앞으로는 집안 형편에 과한 것은 들어주지 말기를 권했습니다.

공부 안 하는 아들딸도, 무능력한 남편도, 아픈 친정 엄마도 본인이 어떻게 할 수 없는 것들입니다. 답답하겠지만 가족이라도 다른 가족의 마음과 생활을 어떻게 할 수 없다는 것을 알아야 합니다. 내 마음대로 살아주지 않는다며 괴로워하고 답답해할 뿐, 결국에 그들은 내 마음대로 움직여주지 않습니다.

이 여자에겐 가족 한 사람 한 사람이 모두 문제인 것입니다. 그러나 가장 큰 문제는 그 상황을 힘들어하는 본인의 성격과 마음인 것 같습니다. 어쩔 수 없는 우리네 가정의 모습입니다.

3장. HOW? 길을 묻는 당신에게

19. 공통점

"선생님!!"

숨이 금방이라도 넘어갈 듯 다급한 목소리가 전화기 너머로 나를 찾습니다.

"방금 엄마에게 전화가 왔는데 남동생이 사채업자들에게 잡혀가서 맞고 있답니다. 동생 목소리가 들리면서 당장 오천만 원을 보내지 않으면 어떻게 될 것 같다고 울면서 말하더랍니다. 어떻게 해야 할까요? 동생 친구가 빌린 돈을 동생이 보증을 섰는데 동생 친구가 도망을 가서 사채업자들이 보증을 서 준 동생을 잡아갔답니다. 지금 엄마는 아파서 집에 계시고 아빠는 허리 수술하셔서 병원에 계시는데 엄마가 그 전화 받고 놀라셨습니다. 선생님! 갑자기 오천만 원이 없어요. 동생이 맞고 있다는데 어떡하죠?"

"우선 진정하시고요. 이럴 때는 두 가지 경우입니다. 보이스피싱일 가능성이 있고요. 두 번째는 실제로 사채업자에게 잡혀갔을 수도 있어요. 우선 동생의 생년월일을 알려주세요."

"엄마가 직접 동생과 통화하셨다는데요. 사채업자들이 전화를 바꿔 주더랍니다."

"사주를 풀어보니 전혀 걱정하실 일 아니시니까 우선 경찰에 신고하셔서 동생 위치를 파악해 보시는 것이 좋을 것 같아요. 돈으로 해결할 일 아니시고요. 경찰의 도움을 받으면 해결될 것 같습니다."

잠시 후 다시 전화가 온다.

"선생님 말씀 듣고 일단 경찰에 신고했습니다. 괜찮을까요?"

"동생의 올해 운수가 나쁘지만 그 정도로 돈을 쓸 일만큼은 아닙니다. 절대로 돈을 보내지 말고 경찰이 동생을 찾을 때까지 기다리세요. 만약 보이스피싱이 아니고 진짜로 사채업자들에게 잡혀갔더라도 올해는 경찰의 도움을 받으면 해결될 일이니 걱정 마세요."

잠시 후.

"선생님. 경찰이 동생 위치 추적해서 찾아가 봤더니 집에서 너무나 편하게 자고 있더랍니다."

"혜심 씨!!"

다급한 목소리에 뭔가가 큰일 난 것 같다. 목소리가 떨리며 급합니다.

"공부하는 조카에게 울면서 전화 왔는데 사채업자들에게 끌려가 있답니다. 당장 삼천만 원을 보내지 않으면 조카를 죽일 것 같다고 웁니다. 지금 엄청나게 맞았답니다. 오빠는 목포에 있고 올케언니는 이혼한 상태라 내가 조카의 뒷바라지를 하고 있었는데 조카가 언제 사채를 썼나 봐요. 어떡하면 좋습니까?"

"걱정 마세요. 보이스피싱 같습니다. 아님 조카가 고모에게 돈을 뜯어내려고 친구들과 짜고 연극하는 것 같습니다. 당장 조카 학원에

가 보세요.

"제가 직접 울면서 전화하는 조카 소리를 들었는데 괜찮을까요?"

"걱정 마시고 조카가 있는 곳이나 찾아보세요."

잠시 후 전화가 왔습니다.

"혜심 씨. 어이가 없습니다. 조카는 학원에 없고 친구들과 술을 마시고 있답니다."

"선생님!!!"

나이 지긋한 어머님이 급한 목소리로 전화를 하셨습니다. 금방이라도 우실 것 같은 목소리입니다.

"아들이 갑자기 사고가 나서 수술을 해야 한다며 전화가 왔습니다. 돈을 보내달라고 통장번호만 불러주고 전화를 끊었습니다. 그 뒤로 내가 아무리 전화를 해도 통화가 안 됩니다. 어느 병원인지 얼마나 다쳤는지 어떤 수술을 하는지 걱정되어 죽겠는데 연락이 안 됩니다. 우리 아들에게 무슨 일이 생겼는지 좀 봐주세요."

"아드님이 어디 계시는데요?"

"서울에 있습니다. 돈부터 보내야 할까요?"

"어머님. 걱정 마세요. 아드님은 아무 일 없을 것 같습니다. 먼저 112에 신고하세요. 그리고 조금 이따가 전화를 다시 해 보세요."

"정말 우리 아들에게 아무 일 없을까요?"

"전혀 걱정 안 하셔도 됩니다. 아드님이 전화를 안 받는 것은 다쳐서 못 받는 것이 아니라 다른 일 때문에 못 받고 있을 거예요. 절대로 돈을 보내시면 안 됩니다."

잠시 후.

"아이구 선생님, 감사합니다. 내가 전화한 것을 보고 아들에게서 전화가 왔습니다. 회의 중이어서 전화기를 놔두고 들어갔답니다."

다급한 전화를 가끔 받습니다. 가족들에게서 전화를 받고 놀라서 내게 문의하는 것입니다. 보내라는 액수가 또렷합니다. 일단 의심부터 해야 합니다. 대부분 보이스피싱일 가능성이 많습니다. 연세가 있으신 어른들이 받는 전화이기에 순간적으로 혼이 나가십니다. 내게라도 전화를 할 경우는 잠시 마음이라도 추스를 시간을 갖도록 안심을 시켜 드리지만, 그렇지 않은 경우는 얼마나 놀라실까요. 나쁜 놈들!!!

3장. HOW? 길을 묻는 당신에게

20. 안 맞아요

인테리어를 하는 A 씨는 여기저기 흩어져 있는 조상들의 묘를 한 곳에 모으고 땅 활용도가 있는 묘들은 파묘하여 이장하고 그 땅을 돈벌이가 되는 일에 사용하고 싶어 합니다.

"우리 아버지랑 맞는지 좀 봐 주세요. 부모라면 당연히 자식에게 도움 되는 일을 할 수 있도록 해 줘야 하는 것 아닙니까? 내가 묘 이장을 하고 그 땅을 좀 활용해 보겠다는데 저렇게 못 하게 합니다. 그래서 아버지를 며칠 정도 여행 보내 놓고 몰래 묘 이장을 해 버릴까 싶습니다. 우리 아버지랑 저는 정말 안 맞는 것 같습니다."

79세 아버지께서 자신이 하고 싶은 대로 못 하게 한다고 아버지랑 안 맞는다네요.

딸, 아들을 둔 B 씨 아줌마는

"우리 딸이랑 맞는지 봐주세요. 사사건건 내 말이라면 하나도 안 듣습니다. 이번에 공무원 시험 공부해 보라니까 피부미용 배울 거라고 저렇게 고집을 피우네요."

23살 딸이 공부하기 싫다니까 자신과 딸이 안 맞는다네요.

"집사람과 저랑 맞는지 봐주세요. 무슨 얘기만 시작하면 싸웁니다. 집사람이랑 저는 안 맞는 것 같습니다."

"남편이랑 저는 정말 안 맞는 것 같아요. 이혼하면 안 될까요?"

"부장님이랑 정말 안 맞습니다. 직장생활이 지옥 같아요."

"친구랑 저랑 잘 맞나요?"

사람과 사람 사이에 '나랑 맞는다.'는 것이 도대체 무엇일까요. 혹시 나와 상대가 다른 것을 상대가 틀렸다고 생각하며 '나랑 맞지 않다'고 생각하는 것은 아닐까요.

혹시 내가 상대를 조종하고 싶은데 내 맘대로 움직여주지 않으니 '나랑 안 맞아.'라고 하는 것은 아닐까요. 친구나 동료, 부부는 타인끼리 만나 이뤄진 관계이니 맞지 않는 부분이 많겠죠. 이런 관계는 "우리가 맞나요?"라는 질문을 던질 수 있습니다. 그러나 가족 사이에 '우리는 안 맞는 것 같아요.'라는 생각이 자식을, 부모님을, 배우자를 내 마음대로 조종하고 싶어 하지는 않는지, 내 생각과 다르다는 것을 틀렸다고 판단하는 것은 아닌지 생각해 볼 일입니다.

21. 바라보는...

"칠순에 가까운 시어머님이 해외여행을 가시고 싶다네요. 노인네가 무슨 해외여행인지 모르겠어요."

"며느님은 해외여행을 가 보셨어요?"

"아니요. 전 갈 기회가 있어도 안 가요. 해외에 나가는 것을 생각만 해도 무서워요."

"그렇군요. 해외여행이 생각보다 무섭지 않아요. 패키지로 가시면 더욱 안전하시구요."

"그래도 전 해외여행은 싫어요."

"본인은 싫더라도 어머님은 가시고 싶어 하니 보내드리면 어때요?"

"원하시니 보내드리긴 해야죠. 그런데 이해가 안 돼요."

"제 차를 사고로 폐차했어요."

"몸은 안 다치셨어요?"

"며칠 입원했었어요. 새 차는 경차로 뽑았어요."

"특별히 경차로 뽑은 이유가 있나요?"

"네. 일하는 데 편리하겠더라고요."

"그러셨군요."

"그런데 제가 그 전에 차를 운전할 때랑 지금 경차를 운전할 때가 달라진 것 같아요."

"뭐가요?"

"제 시야가 자꾸 좁아지는 것 같아요. 주차할 때 지금 경차는 작다 보니 작은 공간에도 주차할 수가 있어 좋은데 어떨 땐 굳이 좁은 공간인데도 주차하려고 애쓰고 있더라고요. 전에 운전하던 차 같으면 좀 걷더라도 주차공간이 넉넉한 곳을 찾아 주차를 했거든요. 골목이나 차들 사이를 빠져나갈 때도 그 전에는 공간이 좁으면 아예 진입도 안 했는데 요즘은 어지간하면 '되겠지'라는 생각에 진입해서 가끔 민폐가 되기도 해요. 저의 바라보는 시야가 딱 제 차의 창 크기만 해져 가는 것 같아요. 내가 왜 이러지? 하면서 가끔 저도 놀래요."

"부산에서 서울에 처음 올라가서는 작은 원룸에 살았습니다. 그런데 언제부터인가 제가 일하는 스타일이 자꾸 '작아지는 것 같다.'라는 생각을 하게 되었습니다. 원룸이라는 좁은 공간에 살면서 세상을 바라보는 눈이 작아지나 싶더라고요. 그러면서 생각도 작아지는 것 같습니다. 이번에 아파트로 이사를 하면서 확실히 느꼈습니다. 사람이 좁은 곳에 너무 오래 머물면 안 된다는 것을. 저는 좁은 공간에 있으니 사람의 생각이 좁아지더군요."

사람은 자신이 경험해 보고 자신이 처한 상황에서만 세상을 바라보나 봅니다. 손님들 얘기를 통해 또 세상을 배웁니다. 내 사무실도 무척 작은 공간입니다. 이 공간에 나의 시야가 맞춰지면 안 되겠다는 생각을 해 봅니다. 넓은 세상을 경험하러 자주 밖으로 나가야겠습니다.

22. 엄마들이 달라졌어요

아들이 결혼을 앞두고 있는데 궁합을 보고 싶다고 50대 초반의 엄마가 왔습니다. 궁합을 봐 주면서 여자의 좋은 이야기를 해 줬더니 언짢아합니다.

"내가 A에게 전화를 했어요. 전화를 안 받더라고요. 며칠 뒤 다시 전화를 했어요. 그래도 안 받았어요. 분명히 부재중이 뜰 텐데 그 뒤로 전화 한 통이 없어요. 이런 싸가지에게 아들을 결혼시켜야겠어요?"

"왜 전화하셨는데요?"

"그냥, A에게 혼자서 집 구하러 다닌다고 고생한다는 말을 해 주려고 했지요."

"A가 잘못했네요. 그런데 그동안 아들의 결혼을 반대한다든가 좀 못마땅한 기색을 내비친 적이 있으세요?"

"있죠. 저는 솔직히 아들이 결혼을 안 했으면 좋겠어요."

"왜요?"

"아들에게 그랬어요. 우리가 아직 집이 없는데 집이나 하나 사 주고 장가가지 왜 벌써 결혼하려고 하느냐. 그리고 그동안 아들이 벌어 오는 돈을 우리에게 모두 주었는데 작년부터 아들이 장가가야 한다면서 돈 관리를 본인이 하겠다더니 올해부터는 생활비만 주더라고요. 또 결혼 날을 잡고는 앞으로 처갓집도 챙겨야 하니까 생활비를

200만 원을 다 줄 수가 없겠다고 하더군요. 남편도 지금 무척 서운해 하고 있어요."

"아들 말이 맞는 것 같네요. 이제 아들은 아들의 살림을 살아야겠지요."

"아들이 날더러 이제 일도 좀 하라 해서 서운해요."

"그럼 예비 며느님이 신혼집을 구하러 다닌다 하셨는데 집값은 보태주셨어요?"

"아뇨. 아가씨 몰래 그 집 엄마가 1억 5천만 원을 보태고 아들이 1억을 내서 집을 구하고 있는 중입니다. 아가씨는 자기 엄마가 집값을 보태는 줄은 모를 거예요."

"그럼 아드님이 장가를 잘 가는 거잖아요."

"집값을 보태주는 것은 고마운 일인데 아들을 뺏기는 기분이라 찜찜해요. 아들에게 A가 전화도 안 받고 연락이 없더라 했더니 '그건 잘못했네.' 그러더라고요. 내가 많이 못마땅하니까 '그럼 결혼을 하지 말까?' 하던데 그 말이 얼마나 반갑던지요."

"아들 말을 믿으세요? 이 두 사람은 헤어지지 않을 것 같습니다."

"결혼을 그만두겠다는 말이 빈말일까요? 둘이 엄청 좋아하긴 해요."

"결국 지금 날 찾아오신 이유가 아들의 '결혼하지 말까' 한마디에 옳다구나 싶어서 궁합이 안 맞더라고 결혼 반대하실 명분을 잡으러 오셨네요. 궁합을 핑계로 깨고 싶으셔서 오셨네요. 맞죠?"

"아니 뭐 꼭 그렇다기보다는 미루기라도 해서 아들이 버는 돈을 더 받고 싶기도 하고 아들을 뺏기는 기분이라…."

"그냥 예정대로 결혼을 진행하세요. 아들이 며느님을 많이 사랑하세요."

3장. HOW? 길을 묻는 당신에게

167

57살의 엄마가 찾아와서 본인 것을 좀 봐달라고 합니다.

"지난번에 큰아들 사주랑 궁합을 보고 가셨는데 결혼식은 잘 하셨어요?"

"아들하고 인연을 끊었지."

"왜요?"

"내가 상견례 때 사돈 될 사람에게 이바지 음식은 하지 말고 예단만 해 달라 그랬지. 그런데 이바지 음식을 해서 보냈더라고."

"사돈댁에서 안 하려니 조심스러웠나 보네요. 잘된 거잖아요."

"그 여편네가 내가 하지 말라고 하면 하지 말 것이지. 아님 이바지 음식을 나눠서 보내든가 남편에게만 이바지 음식을 보내서 자기들끼리 시누들이랑 불러서 상 차려 놓고 조상에게 절하고 음식 나눠 먹고 그랬더라고. 나는 저녁 외식이나 하자면서 아들이 불러내더라고. 자존심 상해서 아들에게 한바탕했구먼."

"예? 여편네가 누구예요?"

"아들 장모지."

"헐. 저쪽에서는 그래도 성의를 보여서 음식을 보냈고 한쪽에서라도 받으면 된 것 아닌가요. 그것이 왜 자존심이 상하세요? 이혼한 사돈 양쪽에 음식을 보내는 것도 우습잖아요."

"아니지. 아예 보내지 말든가 나눠서 보내든가 공평하게 했어야지. 100만 원 짜리가 정석인데 문어 빼고 80만 원짜리를 보내면서 남편 쪽만 보냈으니 내가 화가 안 나냐고요?"

"그렇구나. 그것에 섭섭하셔서 아들에게 화내고 인연을 끊는다 하셨어요?"

"그렇지. 처음엔 아들이 잘못했다고 빌던데 그때는 내 화가 아직 안 풀린 상태라 내가 인연 끊자고 그랬지. 내가 얼마나 화가 났으면 절에 큰아들 1년 기도 올린 등도 내려버렸어."

"저런. 그런데 내게 뭘 묻고 싶으신 거예요?"

"아들이 또 잘못했다고 빌고 오려나 하고 물으러 왔지."

"이미 아들이 잘못했다고 빌었다면서요."

"그랬지. 그래도."

"아들이 다시 안 오겠는데요."

"그렇지? 아들이 그랬다니까. 더 이상 엮이지 싫다고."

"아들이 얼마나 상처를 받았으면 그런 말까지 했겠어요. 오히려 이번 일은 엄마가 풀어주셔야 되겠어요."

"그러기 싫네."

우리 엄마들이 달라졌어요. 70~80대 어머님들과 60대 중반 어머님 세대를 상담해 보면 답답하리만큼 지식들 일에 희생적이셨습니다. 그러나 60대 초반, 50대 엄마들은 달라졌습니다. 자식들이 하는 만큼 엄마의 사랑도 준다는 식이거나 엄마들의 입장을 더 크게 따집니다. 어느 정도는 자식들의 희생도 바랍니다. 모성이 달라지고 있습니다. 무조건적으로 내리붓던 어머니 세대와 달라지고 있음을 많이 느낍니다. 앞으로 40대, 30대, 20대 엄마들은 어떻게 변해갈까요. 걱정도 됩니다. 광주 3남매 화재사건이 생각나는 것은 우연일까요.

23. 하고 싶은 일과 할 수 있는 일 사이

　단골 청년이 사귀는 여자 친구의 생년월일을 들고 궁합을 보러 왔습니다. 오랜만이라 무척 반가웠습니다.

　청년의 꿈은 학교 선생님이었습니다. 부모님들도 늦둥이 외아들이라 아들에 대한 정성이 대단했습니다. 임용고시 문제로 나와 인연이 되었습니다. 사주를 보면 직장을 나타내는 그릇이 잘되어 있습니다. 공무원이나 공공기관, 대기업에 근무할 수 있는 구조를 갖추었습니다. 또 교육을 나타내는 제자 자리의 모습도 좋습니다. 아무리 사주가 좋아도 흐르는 운이 도와주지 않으면 꿈을 이룰 수가 없습니다. 청년은 흐르는 운 또한 나쁘지 않았습니다. 누가 봐도 학교 선생님을 꿈꿔 볼 수 있는 사주구조였습니다.

　그러나 임용고시에 연달아 세 번을 낙방했습니다. 연로하신 부모님은 외아들의 성공을 위해 밤낮으로 기도를 다니셨습니다. 열심히 공부하는 청년과 지극정성으로 기도하시는 부모님을 옆에서 지켜보기가 안타까웠습니다.

　마지막 임용고시에 떨어지고 청년은 그냥 접수나 해 본다면서 공사 두 곳에 입사 원서를 제출했고 거짓말처럼 수월하게 공사 한 곳에 합격이 되었습니다.

　지금 맡고 있는 업무는 교육을 담당하는 부서에서 성인 교육생들을 상대로 가르치는 일을 한답니다. 학교에서 가르치는 것이 아니라 그곳에서 가르치는 것이 하늘의 뜻이었나 봅니다. 하는 일도 재밌고 업무가 힘들지도 않다며 싱글벙글 웃으며 행복하다 했습니다. 임용 공부를 할 때 동기였던 여학생(지금은 학교 선생님)과 결혼을 하고 싶어서 찾아왔습니다.

"애견숍 월수입이 30~40만 원입니다. 월세가 40만 원이고요. 겨우 월세 맞추기도 빠듯합니다. 가게를 접어야 할까요?"

"가게 문을 연 지 얼마나 됐죠?"

"3개월째입니다."

"접기에는 너무 빠른 시간 아닌가요? 그럼 3개월 동안 뭘로 먹고 살았나요?"

"밤 시간에 전부터 하던 스포츠 마사지 일을 하면서 버티고 있어요. 그런데 밤에 마사지 일을 하고 낮에 애견숍 운영하려니까 몸이 정말 힘들어요. 손님이 오든 안 오든 청소는 해야 하잖아요. 돈이 안 되는 애견숍을 어째야 좋을지 그냥 돈이 좀 모아질 때까지 마사지 일만 계속해야 하는지 모르겠어요."

"그럼 애견 미용 쪽은 접겠다는 말인가요? 마사지 일은 몇 년이나 하셨죠? 올해 38세인데 앞으로도 마사지일을 계속 하고 싶으세요?"

"마사지 일은 5년째 하고 있습니다. 계속하고 싶진 않은데 우선 돈이 필요하니까 하는 거예요."

"그럼 앞으로 어느 쪽 일을 더 하고 싶으세요?"

"애견 미용일을 계속 하고 싶은데 돈이 안 돼서 1,000만 원 빚이 생겼어요."

"작년에 자격증 따고 애견 미용일 시작해서 3개월밖에 안 됐어요. 벌써 돈이 벌린다면 누구나 그 일을 할 거예요."

"그렇겠죠. 그런데 우선 먹고 살아야 하고 빚도 갚아야 하니까 자꾸 어떡해야 하나 갈등하게 됩니다."

"당연해요. 오랫동안 가게를 운영하시던 분들도 힘들어하는 요즘인데 처음 시작하는 새내기 장사가 얼마나 잘되겠어요?

그런데 더 길게 봐야 해요. 직업에는 귀천이 없어요. 어느 일이 사람에게 더 중요하다 하는 것도 없고요. 스포츠마사지 일이라도 돈을 모아 마사지 숍을 운영하고 싶다는 꿈이 있다면 그 일을 계속해서 노하우도 쌓고 악착같이 돈을 모아야겠죠. 그런데 지금 말을 들어보면 우선 돈이 되니까 마음이 자꾸 흔들리는 것 같아요. 우선의 달콤함을 따라가다 보면 하고 싶은 일은 자꾸 뒤로 밀려요. 애견숍을 꼭 해야겠다는 절실함은 없는 것 같아요. 강아지를 돌보는 일이 즐겁고 행복하다면 어떻게 해서든지 그 일을 할 방법을 찾을 것 같네요. 애견 미용 자격증을 딴 지 얼마 안 됐잖아요. 다른 숍에 취직해서 몇 년을 일해 볼 수 있지 않을까요. 기술도 더 연마하고 가게 운영 노하우도 배울 수 있고요. 경제적 이유로 마사지 일과 애견 미용 일을 두고 저울질하기 시작하면 앞으로 어떤 일도 프로가 될 수 없어요.

우리는 TV에서 보잖아요. 성공한 배우들 중에 각종 아르바이트를 하면서도 극단에서 연기하는 것을 좋아했던 사람들이 빛을 보는 경우를 많이 봅니다. 어느 분야에든지 자리를 잡으려면 익어가는 시간과 고통의 시간이 있답니다. 자격증을 땄다고 자격증이 돈을 주지는 않아요. 겨우 그 일을 할 자격이 주어졌다는 뜻이죠. 미래의 멋진 애견 미용인을 꿈꾸며 애견숍 취직을 알아보는 걸 권해요."

　사람들과 상담하다 보면 내가 바라는 A와 하늘의 쓰임인 B가 다를 때를 많이 봅니다. 내가 아무리 간절히 A를 빌어도 B의 길이 준비되어 있다면 A를 바라는 기도는 이뤄지지 않는 경우를 많이 봅니다. 또 자신이 하고 싶은 일과 여러 가지 이유로 지금 할 수 있는 일 사이에서 고민하는 경우도 많습니다.

3장. HOW? 길을 묻는 당신에게

173

24. 水의 시간

"제가 루저가 된 것 같습니다. 친구들은 하나둘 취업을 해서 자리 잡는 것 같고 빠른 친구는 결혼도 했습니다. 눈물이 자꾸 나고 밖으로 나가기 싫습니다. 사람 만나기도 싫고 두렵기도 합니다. 제가 잘할 수 있는 것이 무엇인지도 모르겠고 갈 곳도 없습니다."

"평소에 하루를 뭐하며 지내나요? 우울증 있는 것 같은데 혹시 약은 드시고 있나요?"

"우울증이요? 제가 우울증인가요? 보통 새벽까지 영화를 보거나 게임을 합니다. 새벽이나 자는 것 같습니다. 낮에는 취업 준비를 위해서 인강 들으며 지냅니다."

"보통 몇 시쯤 잠드는 것 같나요?"

"잠자는 시간을 체크해 본 적은 없습니다. 뭐… 새벽 3~4시 정도?"

"잠이 부족하겠네요?"

"뭐… 아침에 늦게까지 자니까."

"우리는 24시간을 살아갑니다. 그런데 24시간이 다 같은 시간이 아니랍니다. 밤 9시 30분부터 새벽 3시 30분까지 亥, 子, 丑 시간이라고 합니다. 水의 시간이죠. 이 시간의 오행의 기운 중에 水의 기운이 강한 시간입니다. 水는 물이죠? 물은 우리 몸의 70%나 차지한다고 합니다. 사람은 아니 살아 있는 모든 생명체는 물이 없으면 못 삽

니다. 水의 기운은 직접적인 물을 뜻하기도 하지만 우리의 몸 안에
있는 생명의 기운이기도 합니다.

그 생명의 기운인 水의 기운을 가장 많이 받을 수 있는 시간이
亥, 子, 丑 시간. 즉 밤 시간입니다. 깨끗한 水의 기운을 받을 수 있죠.
필요해서 받아야 한다면 깨끗한 기운을 받아야겠죠? 우리가 조금이
라도 오염된 물을 마시면 금방 전염병이 오거나 탈이 나는 것과 같습
니다. 생명의 기운도 깨끗한 기운을 받아야 합니다.

그럼 어떤 방법으로 깨끗한 水의 기운을 받을 수 있을까요?

바로 잠입니다. 이 水의 시간에 몸을 누이고 잠을 자 줘야 깨끗한
水의 기운을 우주로부터 우리 몸에 받을 수 있답니다. 즉, 밤 9시 30
분에서 새벽 3시 30분까지의 시간입니다. 옛날 어른들은 대부분 이
시간에 잠자는 생활을 하셨습니다. 지금이야 밤 9시 30분부터 자는
것은 무리가 있지만 최소 밤 11시에서 새벽 3시 30분 사이는 잠들어
있어야 합니다. 水는 생명의 기운이라 했습니다. 잠은 생명을 지키는
가장 좋은 방법입니다. 특히 水의 시간에 잠을 자는 것은 생명을 지
키는 확실한 방법입니다.(라디오 좌파명리 강헌 선생님의 말 참조)"

"요즘 누가 그 시간에 잠을 자요? 할 일이 얼마나 많은데… 밖에
서 뭐 하다 보면 금방 그 시간은 지나가요."

"그렇죠. 우리 생활환경이 도시화가 되면서 주변에 불빛이 많아졌
어요. 그래서인지 사람들이 밤늦게까지 잠을 안 자요. 밤을 낮처럼 생
활하고 있어요. 그러다 보니 각종 질병이 늘고 있어요. 특히 정신적
장애가 많아지고 있어요. 많은 사람들이 우울증 등을 겪는 원인도 잠

을 제때에 자지 않기 때문이죠. 저희 손님들에게 물으면 우울증인 사람들 대부분이 잠이 안 온대요. 요즘 사람들은 水의 시간에 자지 않기 때문에 몸의 리듬이 깨지고 있는 거죠. 젊을 때는 버티다가 점점 몸이 무너지는 거죠. 멘탈이 깨지기 시작해요. 저는 밤잠을 설치면 다음 날 일하기가 힘들더라고요. 잠을 못 자면 생명을 잃게 될 확률이 높아져요. 병에 걸리기도 쉽고요. 잠이라는 것이 정말 생명 유지에 중요해요. 특히 水의 시간에 잠을 자주는 것은 더욱 중요하구요."

"아, 잠이 그렇게 중요한지 몰랐어요. 잠도 자야 할 시간이 있다는 것도 몰랐습니다. 아무 때나 자면 된다고 생각했습니다."

"되도록 水의 시간 즉 밤 11시에서 새벽 3시 30분 사이에는 자야 돼요. 깨끗한 水의 기운을 받고 보내면서 뇌는 활성화되죠. 水는 우리의 뇌와 생각을 관장해요. 水의 시간에 잠을 자면서 우리의 뇌가 최적화가 되는 거죠. 水의 시간 다음에 木의 시간이 옵니다. 목의 시간은 새벽 3시 30분부터입니다. 木은 성장하고 자라는 생명의 기운이에요. 24시간 중에 가장 건설적인 시간이죠. 이때 공부나 일을 하면 능률이 높아요. 밤새서 하는 공부보다 새벽 5시 정도에 두 시간 하는 공부가 훨씬 능률이 높죠. 사람들이 잘나갈 때가 있어요. 잘나갈 때 사람들의 말을 들어보면 왜 날이 빨리 밝지 않는 거야 한다죠. 지금 누군가 새벽 5시에 일어나 무언가를 하고 있다면 아마 잘나가고 있는 상태일 것입니다.(라디오 좌파명리 강헌 선생님의 말 참조) 아파트 경비원들이 말한다잖아요. 사장님들이나 높은 직책의 사람들의 차가 새벽에 가장 먼저 아파트를 빠져 나간대요. 무엇을 의미하겠어요?

사람은 水의 시간에 잠을 자고 다음에 오는 木의 시간에 일어나야 해요. 건강을 위해서도, 성공을 위해서도."

"네. 잠자는 시간만 바꿔도 건강과 성공이 따른다니 어렵진 않네요."

"일단 水의 시간에 맞춰서 잠을 자고 木의 시간에 맞춰서 공부나 무언가를 해 보세요. 그 리듬만 지키셔도 많은 변화가 있을 겁니다. 그리고 낮에는 몸을 많이 움직여 보세요. 우울증이 사라질 것입니다."

3장. HOW? 길을 묻는 당신에게

25. 부자가 되고 싶은 사람

양복을 말쑥하게 차려 입은 신사분이 서울에서 찾아오셨습니다. 상담을 끝내려는데 마지막 질문을 합니다.

"제가 언제쯤 부자가 될까요?"

"사주와 지나온 운을 보면 먹고살 만하실 것 같아요."

"겨우 서울에 작은 빌딩 하나 가지고 있고, 강남에서 업체 두 곳을 운영하고 있습니다. 제 주변 사람들을 보면 재산을 많이 늘려 가는데 저는 너무 초라한 것 같습니다. 저는 부자가 되고 싶습니다."

"그렇군요. 사주를 보면 재물 그릇이라는 것이 있습니다. 대부분의 사람들은 가지고 있습니다. 그러나 재물 그릇이 아예 없는 사람도 있어요. 아주 큰 거부들의 사주에는 재물 그릇이 아예 없는 사람들이 많아요. 재물 그릇이 없으니 재물에 대한 욕망이 큰가 봐요. 보통의 사람들은 재물 그릇이 있는 사람이 재물 모으기가 유리하죠. 그릇이 약한 사람은 들어오기 바쁘게 나갑니다. 재물이란 뭐라고 생각하세요?"

"뭐, 그야 돈 아니겠어요?"

"우리가 일반적으로 생각하는 돈도 맞습니다. 그런데 사주에서는 재물을 다른 의미로 봐요. 사주팔자에 있는 재물은 그 사람이 성장하고 교육받고 꿈을 실현하고 살아가는 데 필요한 비용과 에너지로 봅니다. 사주에 나타난 재물의 양은 자신의 타고난 명을 이어 가는 데 필요한 딱 그만큼은 갖고 태어난다는 뜻이죠. 그런데 사람의 마음이 그런가요. 하나를 가지면 두 개를 가지고 싶고 이왕이면 좋은 것을 가지고 싶고, 나는 이만하면 살 것 같으니 이제 자식에게 물려주고 싶고, 그 뒤의 후손에게 또 물려주고 싶은 것이죠. 그 마음에서 자본의 증식과 욕심의 증식이 일어나는 것 같아요.

제가 사람마다 재물 그릇이 있다고 했죠? 사람마다 가지고 있는 그릇이 다 다르더라고요. 종이컵만 한 그릇, 국그릇만 한 그릇, 양푼만 한 그릇, 양동이만 한 그릇을 가지고 있는 사람이 있어요. 또 그릇의 모양이 반듯하면 좋은데 찌그러진 모양, 구멍 난 모양, 실금이 간 모양, 한쪽 귀퉁이에 처박혀 있는 모양, 받쳐주는 다리 하나가 없어서 기울어진 모양 등 사람마다 가지고 있는 그릇의 모양도 각양각색이에요. 재물 그릇이라고 다 그릇이 아닙니다.

재물 그릇의 위치도 있어요. 재물이라는 것은 누구나 탐내는 것이기에 잘 숨겨둬야 해요. 지갑 안에, 금고 안에, 할머니들은 옷장이나 장판 밑에도 숨겨두셨죠. 그런데 어떤 사람들은 재물 그릇이 하늘에 둥둥 떠 있어요. 우주만물이 다 그 사람의 재물 그릇을 쳐다보죠. 보이니까 재물이 있어 보여요. 그러나 다 보이는 재물이라 뜯어갈 놈, 훔쳐갈 놈, 가져갈 놈들이 달려드니 실속이 없어요. 들어오는 것 같은데 언제나 쪼들려요. 어떤 사람은 땅속 깊은 창고에 꼭꼭 숨겨두기도 합니다. 어떤 사람은 벌기는 잘하고 모으기도 잘하는데 한 방에 날리기도 잘합니다.

재물에는 성향도 있어요. 사람마다 가지고 있는 재물의 성향을 오행으로 표현하죠. 사람들이 가장 선호하고 안정적인 재물은 뭐니 뭐니 해도 돈, 金재물이죠. 단단하고 손에 잡히는 재물이죠. 火재물은 불처럼 확 일어나기도 잘하고 재처럼 푹 하고 꺼지기도 잘하죠. 水재물은 물을 손에 쥘 수 없잖아요. 줄줄 손가락 사이로 흘러버려요. 현실적인 현찰 재물이라기보다는 재능이나 직관력을 이용한 재물이죠. 土재물은 부동산 재물을 연상하시면 돼요. 좀 더디게 일어나는 재물이죠. 木재물은 水재물 다음으로 흘러가기 쉬운 재물이죠. 木재물을 가진 분들은 木의 특성 때문에 인자해요. 측은지심으로 재물을 자신이 소유하기보다는 좋은 일에 쓰면서 명예를 추구하죠.

사람에게는 재물이 되는 시기도 있어요. 좋은 재물 운이 10대나 20대에 들어오면 돈이 들어오니까 공부하겠어요? 청소년기의 재물 운은 친구들과 싸돌아다니기 딱 좋은 재물이죠. 공부는 자연히 뒷전이 되겠죠. 옛 어른들이 오죽했으면 학업 시기에 재물 운이 들어오면 마가 낀다고 학마재라는 말까지 썼을까요. 좋은 재물 운이 70대, 80대에 들어온다면 먹고 살기 편한 정도가 되겠죠. 우리가 바라는 재물 운은 30대, 40대, 50대에 들어와서 어떻게 발휘하느냐가 중요한 거죠.(라디오 좌파명리 강헌 선생님의 말 참조)'

재물 그릇의 유무, 모양, 위치, 성향, 시기까지 다 맞춰서 소위 '부자'가 되려면 어머니, 아버지가 다시 입태일부터 계산해서 잉태를 시키고 출산일을 맞춰줘야 해요. 한마디로 사주팔자를 특수 제작해야 한다는 뜻이죠. 어느 공부하는 팀이 모여서 정말 완벽한 사주팔자를 만들어 보자고 연구를 했대요. 결국 실패했다죠. 사주팔자는 8개의 글자 안에 5개의 오행을 넣어야 하기 때문에 태생이 불안정해요. 부자 되기가 그만큼 어렵다는 뜻입니다. 그래서 모든 사람들이 모두 다 재물을 가질 수 없다는 말이 됩니다. 그 갖기 어려운 재물을, 도대체 사장님은 얼마나 있어야 부자라고 생각하시나요?"

"재물을 갖는다는 것이 그렇게 다양한 조건을 필요로 하는지 몰랐습니다. 재물이야 많으면 많을수록 좋겠죠. 저야 뭐 큰 욕심은 없습니다. 통장에 현금 30억 이상 있었으면 합니다. 요즘 최소 그 정도는 바라지 않나요? 월세가 나오는 부동산 좀 갖고 자식들이 마음대로 하고 싶은 것을 해주며 돈 걱정 없이 살면 행복할 것 같습니다."

"그렇군요. 제가 부자들을 좀 상담해 봤는데 그분들도 언제나 많은 고민을 갖고 계십니다. 돈이 많다는 것과 행복하다는 것은 별개 같아요. 그분들을 만나면서 그런 생각을 했어요. 저는 그분들이 전혀 부럽지 않았습니다. 그냥 돈이 남들보다 많다는 것뿐이지 보통 사람들이 겪는 희로애락을 똑같이 겪으면서 살아가고 있었습니다. 아니 오히려 소소한 행복을 느끼지 못하는 경우도 많았습니다. 그분들의 고민도 우리와 별반 다르지 않아요. 건강, 자식, 사업, 인간관계 등등 이죠. 오히려 가진 것은 별로 없는데 항상 밝고 행복해하는 사람들은 따로 있었습니다.

사주에는 월급형 재물과 창고형 재물로 나눠요. 월급형 재물 그릇은 월급처럼 정말 사람이 살아가는 데 꼭 필요한 재물이구요. 창고형 재물 그릇은 일상생활에 필요한 재물이 아닌 조금 다른 재물입니다. 사장님은 창고형 재물 그릇을 가지고 계십니다. 창고형 재물 그릇을 가진 사람들은 어지간해서는 만족을 몰라요. 먹고 사는 데 지장이 없는데도 언제나 돈돈돈 하는 경향이 강해요. 왜냐면 내가 소유하는 재물이 아니라 보는 재물이거든요. 목사님이 보는 교회의 헌금이나 스님이 보는 사찰의 보시금을 생각하시면 간단해요. 재물에 대한 욕망과 재물을 실제로 소유하는 것은 다릅니다. 보이기는 하는데 가져올 수 없으니 목말라하는 겁니다.

창고형 재물을 다른 시각에서 보면 결국 남의 재물을 내 창고에 임시 보관하는 거예요. 내가 가질 수는 없어요. 남의 재물, 즉 남에게 주어야 하는 재물이죠. 우아한 말로 남에게 돌려주며 봉사해야 하는 재물이랍니다. 내가 열심히 벌어서 남까지 먹여 살려야 하는 재물 그릇을 가지고 있는 겁니다. 보통 사람들의 사주에서 재물 그릇이 올바른 사람이 적거든요. 내가 먹고 살 만큼의 최소한의 재물을 남기고 모두 남에게 돌려주어야 한다는 재물입니다. 내가 열심히 노력해서 벌지만 결국엔 남에게 봉사해야 하는 재물인데 창고형 재물 그릇을 가진 사람들은 자신이 영원히 지닐 수 있을 것처럼 생각하고 재물을 갈구합니다. 그래서 투자가 아니라 투기성이 강하고 종종 도박에도 쉽게 빠집니다.

그럼 남에게 주지 않고 자신이 가지면 어떡하느냐고 물으면, 남에게 돌려주지 않으면 어디선가 그 대가를 치르더라고요. 하늘이 잠깐 큰 그릇을 가진 사람들에게 재물을 맡겨 둔 것이거든요. 어차피 남에게 줘야 할 재물이라면 뭐하려고 돈돈돈 하시며 사실래요? 어차피 큰 그릇을 가지고 계시니까 어느 정도는 채울 수 있을 겁니다. 재물 말고 다른 곳에 마음을 두는 연습을 권합니다."

"그렇군요. 지금은 이해했는데 서울 올라가면서 생각해봐야 할 것 같습니다. 아마 며칠이 지나면 같은 고민을 또 할 것 같지만 오늘은 마음이 편해집니다. 남에게 줘야 할 재물 그릇을 가지고 있으면서 제가 잠시 맡고 있다는 생각이 신선했습니다."

3장. HOW? 길을 묻는 당신에게

26. 제가 앞으로 괜찮을까요?

상담을 마무리 지으려고 하면 마지막으로 묻는 질문이 "저 앞으로 괜찮을까요?"입니다.

"무엇이?"

"그냥~ 이것저것이요."

한 시간 가까이 당신의 재물 운은 어떻고, 직장 운은 어떻고, 부부 운은 어떻고, 자식 운은 어떻고, 건강 운은 어떻고, 내년 운은 어떻다고 조목조목 상담을 끝낸 사람들이 마지막으로 꼭 하는 질문입니다.

무슨 의도로 그 말을 묻는지를 압니다. "그래 앞으로 잘 살 거야. 걱정 마."라는 말을 듣고 싶은 것입니다. 앞으로 잘 살 거라는 말 한마디를 듣고 '내 인생은 앞으로 괜찮아.'라고 스스로에게 희망을 주고 싶은 것입니다. 그러나 나는 되묻습니다. "뭐가 괜찮기를 바라세요? 돈? 건강? 직장? 명예? 사랑? 자식?"

내가 묻는 질문에 딱히 답을 못 합니다. "그냥, 전부요." 그냥 자신의 삶이 불안한 것입니다.

"제가 남편 복이 없나요? 며칠 전 친구 결혼식에 갔다가 서른일곱 살이 되도록 결혼도 못 하고 있는 제 모습이 초라하고 우울했어요."

"세상의 남자들이 별로 마음에 안 들잖아요? 시시하게 느껴지고 못나 보이고…."

"맞아요. 혼자 있는 것이 편해요. 굳이 결혼을 왜 하나 싶고요."

"평소에는 굳이 결혼을 해야 하나 하며 살다가 친구가 결혼하니까 갑자기 우울해지신거죠. 이대로 정말 결혼이라는 것을 못 하는 걸까 불안한 거예요."

"네. 정말 제가 남편 복이 없어서 그런가요?"

"어떤 남자가 남편이 되어야 남편 복이 있다고 할까요? 돈 많은 남자? 건강한 남자? 직장 좋은 남자? 바람 안 피우는 남자?"

"글쎄요. 별로 괜찮은 남자를 못 봤어요."

"결혼은 별로 안 하고 싶고 또 주위 사람들이 결혼하니까 자신이 결혼하지 않는 것이 슬프고 그것을 남편 복이 없다고 핑계라도 대고 싶고 또 확인받는 것은 더 슬프고… 사람들은 자기 자신의 마음을 자신도 잘 모르는 것 같아요."

"맞아요. 저는 결혼 운은 언제 있나요?"

"누구나 결혼 운은 20세 이후부터 있답니다. '내가 결혼 운은 언제 있나요?'라는 질문은 '내가 괜찮은 사람 언제 만나나요?'라는 뜻과 같아요. 그런데 그 괜찮은 사람의 기준이 참 애매해요. 각자의 괜찮다는 기준이 다르거든요.

어떤 여자분이 상담을 했어요. 38살이었어요. 똑같이 '제가 언제 결혼할까요?'를 묻기에 내가 '남자와 섹스하는 거 싫죠?'라고 물었죠. '네. 정말 싫어요. 남자와 섹스하기 싫어서 안 만나고 있어요.'라고 하더군요. '남녀가 만나면 섹스가 전제가 되어야 하는데 그것이 싫대요. 그러면서 무슨 결혼 운을 물을까요?'라고 하면서 '섹스가 가능한 연애부터 하세요.'라고 권했죠. 자신이 괜찮은 배우자를 만날 준비가 되어 있어야 괜찮은 사람이 나타나죠. 자신은 전혀 준비하지 않으면서 백마 탄 왕자나 평강공주처럼 짠 하고 괜찮은 배우자가 나타나길 기다리기만 하죠. 결혼 운은 결혼할 준비가 되어 있는 사람에게는 언제든지 온답니다. 사람들이 오해를 해요. 준비란 집, 직장, 차를 말하는 것이 아닙니다. 전혀 다른 타인과 같은 공간을 사용하고 인생의 길을 같이 갈 수 있는 마음을 말합니다."

"저는 혼자 있는 것이 편해요. 결혼을 하고 싶지도 않고요. 앞으로 저는 괜찮나요?"

"세상에는 만사형통이 없어요. 이것도 좋고 저것도 좋은 것은 없어요. 만사형통을 바라는 마음에서 고민과 걱정이 생겨요. 사람들은 자신이 가지고 있는 것은 당연하게 생각해요. 있는 것은 한쪽으로 비껴두고 없는 것만 바라보니까 불행하고 불안하게 느끼는 거예요. 10년 넘게 상담해 보면 어느 인생이라도 평탄한 인생은 없더라고요. 완벽한 운명도 없고요. 인생의 한쪽이 구겨지고 절단되고 굴곡이 있는 사람들이 대부분이었어요. 운명의 선이 직선이 아니고 올랐다가 내려가고 다시 올라가는 곡선이더라고요.

'내게도'라는 생각을 갖고 사는 것이 현명한 것 같아요. 내 남편도, 내 직장도, 내 자식도, 내 건강도, 내 사랑도… 그럴 수 있다. 그럴 수 있어요. 나만 아니다가 아니에요.

지금 내 안에 있는 모든 것이 감사하고 소중하면 불안하지 않아요. 오늘을 잘 지내면 내일도 잘 살아요. 그냥 하루하루 살아보세요. 운명

방정식대로 살다 보면 편안해요. 불안해하지 마세요. 운명은 그렇게 허술하게 짜여 있지 않답니다. 고통만 주지도 않고 즐거움만 주지도 않아요. 괜찮을 겁니다."

3장. HOW? 길을 묻는 당신에게

27. 오답노트

딸들이 시험공부 중에 오답노트를 사용했었습니다. 틀린 문제를 다시 되짚어 보고 자신이 실수하는 패턴도 알 수 있고 같은 유형의 문제가 나오면 틀리지 않게 하기 위해서입니다.

나도 손님과 상담이 끝나면 조용히 상담내용을 되짚을 때가 있습니다. 좀 더 말해주지 못해서 안타까울 때도 있고, 미처 생각나지 않아서 지나친 부분도 있고, 내가 공부를 더 해야 할 부분도 생각합니다. 어디가 문제였는지 점검해 봅니다.

A 씨는 2,000만 원 카드 연체가 있는데 며칠 전에 다시 2,000만 원 정도 제2금융권 연체를 시작했습니다. 7년 전 개인파산을 한 후 다시 빚의 행진입니다. 모든 빚의 원인은 요리사인 남편의 노름입니다. 몇 천만 원의 빚을 고스란히 아내에게 지워놓고 이번에도 남편이 자동차를 담보 잡힌 돈과 남편 친구 차까지 담보 잡힌 돈을 모두 노름으로 잃었답니다. 그런데도 남편의 신용을 떨어뜨리지 않으려고 다시 빚을 얻으러 다니고 있습니다. '이번만 막아주면 안 하겠지.' 하는 마음이 결혼 후 계속되고 있습니다. A 씨의 인생 오답노트에는 '설마… 또 하겠어?'로 얼룩져 있습니다.

B씨는 생활비를 제대로 주지 않고 폭력을 행사하며 성폭행까지 하는 남편을 피해 몇 번이나 도망 나왔습니다. 집을 나와 있으면 남

편이 아들을 키우라며 핑계를 대고 불러들입니다. 친정 엄마도 들어가 살라고 등을 떠밉니다. B씨도 아들이 걱정되어 다시 들어갑니다. 그러기를 10차례 남편의 폭행으로 목숨의 위협을 느껴 다시 도망 나왔습니다. 집밖에 나와 있으면 상처는 희미해집니다. 다시 들어가는 이유입니다. B씨의 인생 오답노트에는 '이번엔 변했겠지.'가 수없이 적혀 있습니다.

C 씨는 우리나라에서 손꼽히는 좋은 직업을 가지고 있습니다. 첫 부인은 좋은 직업을 가진 남편인데도 주변 사람들보다 돈을 많이 못 번다고 무시했습니다. 결국엔 바람이 나서 나갔습니다. 두 번째 부인과 재혼 후 평탄하지 않은 가정을 꾸리다가 이혼했습니다. 아내가 홀시어머니를 모시지 않으려고 패악을 부렸습니다. 소송까지 해 가며 이혼을 마무리했는데 아이들 때문에 다시 재결합을 했습니다. 잘하겠다고 다시 들어온 아내의 패악으로 결국 팔순의 노모는 오피스텔로 모셨습니다. 아내와 집안대소사 문제로 여전히 부딪힙니다. 다시 이혼을 해야 하나 고려 중입니다. C 씨의 인생 오답노트에는 '잘한다더니…'가 반복되어 있습니다.

'다음에는 절대 이러지 말아야지.'라는 결의로 오답노트를 정리하지만 우리는 매번 같은 지점에서 실수를 합니다. 값비싼 교훈을 얻었는데도 그 교훈을 학습하지 못하고 망각합니다. 그러면서 상처를 입습니다. 오답노트에 적었다고 실수가 줄어드는 것이 아닙니다. 적어둔 오답노트의 내용을 학습하고 잊지 말아야 같은 실수를 반복하지 않습니다. 그러려고 오답노트를 정리하는 것입니다. 인생의 오답노

트에 같은 실수가 반복되지 않도록 정신 차려야 합니다. 결국엔 오답
노트에 적어둔 인생의 실수를 잊지 않는 것이 중요한 것 같습니다.

길을 묻는 인생에게

28. 숨이 안 쉬어져요

"선고 공판일이 다가오니 불안해서 죽을 것 같아요. 숨이 안 쉬어져요."

"그 마음 충분히 알죠. 저도 자식이 있는데 왜 모르겠어요. 자식이 감옥에 있는데 어느 부모가 마음이 편하겠어요. 어떻게 해서든 감형을 받게 하고 싶은 마음이 간절한 것은 당연해요. 그러니 이렇게 불안해하지 마시고 같이 기도해요."

"네, 알아요. 그리고 지난번에 브로커들에게 주지 말라고 하신 계약금을 애들이 줬나 봐요."

"그랬군요. 사람에게는 길흉화복의 양이 정해져 있대요. 브로커에게 몇 억을 주셔서 2~3년 감형을 받으면 아들이 치러야 할 대가를 또다시 미루는 것 같아요. 브로커들이 확실히 감형을 도와준다는 보장도 없고요. 이번 일은 지혜를 필요로 해요. 아들이 몇 년 전에 회사에서 진행하던 일이 본의 아니게 판단 미스로 많은 손실이 났잖아요. 그때 바로 윗사람과 회사에 알리고 정면 돌파를 했더라면 그때 문책을 받든, 손해배상을 해 주든 끝이 났을 일이고 이렇게 감옥에까지 가는 일이 발생하지 않았을 거예요."

"네. 회사 관계자도 그렇게 말했어요."

"그런데 실수를 덮으려고 무리하게 거짓말에 거짓말을 해 가며 여기까지 왔고 결국엔 터진 것이잖아요. 아무것도 모르고 아들 말만 믿고 도와줬던 사람들이 모두 아들이 거짓말을 해 왔다는 사실에 등을 돌렸고 회사도 공금 횡령으로 고발해서 여기까지 왔어요.

아들의 죄가 뭐예요? 실수를 감추려고 회사를 속이고 여러 사람을 속인 죄잖아요. 회사도 그 부분에서 고발한 거구요. 그런데 거기에서 가족들이 지혜를 얻지 못하고 또다시 브로커에게 몇 억을 지불하여 감형을 시도하려고 해요. 확실한 보장도 없이. 어찌어찌 감형을 받았다 해요. 아들이 치러야 할 대가를 치르지 않았기 때문에 다른 곳 어딘가에서 대신 치러야 할 상황이 올 수 있어요.

우주에는 공짜 점심이 없대요. 우리는 살면서 어떤 사건이 생기면 그냥 사건으로만 생각하고 우선 벗어나려고만 하지 말고 일어난 사건에서 교훈과 지혜를 얻어야 해요. 아들이 이번에 또 브로커를 통해 몇 억을 들여 2~3년 감형을 받는다 해도 아들이 깨닫는 것이 없잖아요. 자신의 실수를 편법을 써서 감추려다가 감옥까지 왔는데 또다시 편법을 써서 감형을 받는다면 아들의 머릿속에 세상은 편법으로 살아도 된다는 경험을 갖게 되잖아요. 그러면 앞으로 살면서 무슨 일이 생길 때마다 같은 행동을 되풀이하겠죠.

부모로서 앞으로 아들 인생을 생각하면 그러면 안 될 것 같아요. 부모는 뒤에서 피눈물을 흘리더라도 자식을 위해서 자식 앞에서는 때론 매몰찬 행동도 하셔야 해요. 정당하게 죗값을 치르라고 따끔하게 말해 줘야죠. 이렇게 엄마가 동동동 하시면 어떡해요?"

"맞아요. 거기까지 생각 못 했어요. 앞뒤 다 생각 안 하고 그저 아들이 감옥에 있다는 사실만 생각했어요. 잘못한 것은 벌을 받아야죠."

"어렵겠지만 아들도 그렇고, 가족도 그렇고 지금의 고통을 인정해야 해요. 고통을 인정하고 받아들이면 사람이 당당해져요. 김대중 대통령, 유시민 작가 등 많은 사람들이 감옥에 계셨지만 그 고통들을 당당하게 받아들이니까 감옥을 나와서 훌륭하게 세상을 살아갈 수 있었잖아요. 지금 당장의 고통을 모면하여 행동하면 운명과 인생에 당당해지지 않아요. 아들이 감옥에서 나와서도 비굴하게 살아야겠어요? 브로커를 통해 감형을 받을지 확신도 없는 상태에서 브로커들의 많은 조건을 다 수용해 버리면 그 뒷감당은 누가 어떻게 하나요?"

"선생님에게 혼날 줄 알고 전화했지만 막상 이렇게 혼나고 나니 오히려 가슴이 뻥 뚫리는 것 같네요. 돌덩이 하나가 쑥 내려간 느낌입니다. 뭔가 막혔던 것이 내려가는 느낌입니다."

"죄송해요. 제가 좀 심하게 말했죠? 그런데 제가 같이 그 감정에 동요해서 위로를 해 드린다고 도움이 될까요? 때론 위로도 해 드리지만 때론 매몰차게 사실을 알려드리는 것이 제 역할이에요. 저도 독하게 말하는 것이 가슴이 아파요. 가족끼리 서로 믿고 이번 사건을 통해 지혜를 얻고 지금의 고통을 인정하도록 아들과 며느리에게 대하세요. 집안의 어른들인 부모가 담담하게 처리해야 자식들이 오히려 흔들리지 않아요. 엄마가 이렇게 동동동 하시면 자식들은 더 흔들리고 더 힘들어해요. 비록 아들이 한 번의 실수로 지금은 감옥에 있지만 나와서 세상을 살아갈 때 지혜롭고 당당해지도록 가르침을 주세요. 그것이 부모가 할 일 같아요. 아들은 앞으로 운이 나아지니 오래 있지는 않을 거예요."

29. 이용당해 주기

"오늘 예약한 사람입니다. 내 인생에 다시는 이런 사람을 못 만날 것 같습니다. 저희가 잘될 수 있도록 좋은 말씀 많이 부탁드립니다."

삼 개월 사귄 여자 친구와 궁합을 보러 오겠다고 예약한 남자의 문자입니다. 남자는 며칠 전에 두 사람의 궁합을 보고 갔었습니다. 그리고 다시 같이 오겠다는 예약을 하면서 몇 번이고 부탁을 했습니다. 자신의 단점을 말하지 말고 두 사람이 잘될 수 있도록 말해 달라는 것입니다.

"알았어요. 그러나 저는 이런 부탁을 받는다고 없는 이야기를 할 수는 없어요. 나오는 대로 말할 것이지만 고려할게요."

가끔 이런 부탁을 받습니다. 부모가 자식들을 데려올 때, 부부가 배우자를 데려올 때, 연인이 상대를 데려올 때 이야기를 잘 해줬으면 하고 부탁을 합니다. 자신들의 이야기가 잘 먹히지 않을 때 나의 입을 빌려 하고 싶은 이야기를 대신 전하고 싶어 합니다. 나는 상담을 하면서 대체로 그런 부탁에 휘둘리지는 않습니다. 나는 내 앞에 사람이 앉으면 머릿속을 백지 상태로 만듭니다. 어떤 선입관도 없이 상담하기 위해서입니다. 나는 그때그때의 상황을 말하기 때문에 아는 사람과 모르는 사람이 구별되지 않습니다. 그 사람의 직위나 부귀빈천도 상관이 없습니다. 그 전에 상담을 했더라도 상담한 내용을 기억하지 않습니다. 모두에게 조금이라도 나은 방향이라면 기꺼이 악역을 자처해서 싫은 소리도 합니다. 부탁 받은 내용이 타당했을 때는 같은 내용이지만 말의 표현을 달리해서 해 주기도 합니다.

젊은 청춘 남녀가 사랑에 빠졌고 사랑하는 여자를 놓치고 싶지 않은 남자의 마음이 귀여웠습니다. 나를 이용해서라도 사랑을 완성시키고 싶은 마음이 예쁘지 않습니까. 그러나 남자의 마음이 있으면 여자의 마음도 있기 때문에 같이 올 때는 어느 한쪽을 위해서 상담을 진행하지 않습니다. 상담의 저울이 평형을 이뤄야 합니다. 부탁했다고 한쪽으로 기울지는 않습니다.

예약시간이 되어 상담하러 같이 들어선 여자는 꽤 예뻤습니다. 남자가 충분히 안달이 날 정도였습니다. 두 사람의 궁합도 굳이 나쁜 내용을 전달할 만한 것들이 없었습니다. 미리 남자가 상담하고 간 내용이 대부분이었지만 살짝 뺄 건 빼 주며 두 사람을 응원해 주었습니다. 두 사람은 만족한 모습으로 사무실을 나섰습니다. 사랑하는 젊음은 언제나 예쁩니다. 그러나 나는 예상할 수 있습니다. 궁합이 나쁘지 않고 두 사람의 사랑이 아무리 깊어도 두 사람은 이루어질 수 없을 것입니다.

30. 신병(귀신병)

　노부부가 오셨습니다. 아들이 9급 공무원 2년 차입니다. 잘난 아들은 9급이지만 일은 7급처럼 한다고 자랑이 대단하십니다. 공무원인 아들 직장 자랑을 한참을 하셨습니다. 그런데 아들이 이유 없이 많이 아파서 출근을 못 하고 있답니다. 머리가 깨질 것 같다고 호소를 한답니다. 혹시 신병(귀신병)인지 물으러 왔습니다. 아들의 사주를 풀어주며 사주에 약한 직장 그릇을 너무 과하게 쓰고 있어서 몸에 무리가 오는 병이니 직장을 그만두면 좋을 것 같다고 조언해 드렸습니다. 머리카락이 하얗, 늙으신 어머님은 아들이 직장을 그만두는 것이 좋겠다는 내 조언에 펄쩍 뛰셨습니다. 공무원이라는 직장을 가지고 있어야 밥벌이도 하고 장가도 갈 수 있다며 직장 그만두는 것은 절대로 안 된다고 하셨습니다. 오히려 그런 조언을 하는 나를 원망하셨습니다.

　주민 센터로 발령받은 새내기 공무원은 엄마와 함께 찾아왔습니다. 몸이 아파서 대학병원에 검진을 해 놨는데 혹시 큰 병은 아닌지 물으러 왔습니다. 사주를 풀어주며 자신과 맞지 않는 직장에서 근무하면서 받는 스트레스가 원인인 것 같으니 그만두고 쉬든지 휴직하면 좋을 것 같다고 조언했더니 금세 동의를 합니다. 아침에 눈을 떠서 직장에 갈 생각을 하면 죽을 것 같답니다. 그런데 모든 사람들이 그렇게 원하는 공무원으로 출근한 지 얼마 되지 않아서 직장 선배들과 주위 사람들의 눈치도 보이고 앞날도 불안하다며 눈물을 뚝뚝 떨어뜨립니다. 공무원을 그만둬도 운이 괜찮아서 다른 일을 해도 좋을 것 같으니 일단 병원 진단서로 휴직 신청을 하고 좀 쉬면서 다른 일을 찾아보라고 권했습니다. 옆에서 듣고 있던 엄마는 딸이 아픈 것보다 다른 일을 찾는 것이 나을 것 같다고 동의하면서도 딸의 아빠가 반대할 것 같다며 걱정을 했습니다.

특목고로 진학한 아들이 이유 없이 아프다며 찾아왔습니다. 혹시 큰 병이 생긴 것은 아닌지 중요한 고등학교 생활에 지장을 주어서 좋은 대학에 진학하지 못하면 어떡할까 전전긍긍하는 엄마였습니다. 고등학생인 아들이 특목고에 대한 적응이 안 돼서 아픈 것 같다고 말해줬습니다. 방법이 있다면 일반고나 다른 학교로 옮겨주면 좋겠다고 권했습니다. 그 엄마는 서울의 좋은 대학에 가려면 특목고에 다녀야 한다고 고집을 부렸습니다. 아들이 건강하게 생활하며 살아 있는 것이 중요하지 서울에 있는 대학 진학이 뭣이 중하냐고 물어봤습니다. 아들이 방긋방긋 웃는 모습이 더 낫지 않겠느냐 말하니 그 엄마는 다른 아이들도 그 정도의 스트레스는 갖고 가지 않느냐며 아들이 나약해서 그런 것 같답니다.

사주팔자에서는 신병을 두 가지로 나눕니다. 몸 신(身), 실제로 몸이 아픈 병입니다. 육체적 탈이 난 상태입니다. 육체적으로 힘든 병은 병원을 잘 다니고 주위 사람들이 간호를 잘 해주면 됩니다. 또 하나는 귀신 신(神), 정신에 병이 든 것입니다. 정신적 결함입니다. 우울증, 조울증, 공황장애, 정신분열증, 신경쇠약 등. 그중에는 정말 귀신의 장난 같은 귀신병도 있지만 대부분은 정신과 마음에 병이 들어 있는 경우가 많습니다. 전문가 선생님의 도움을 받는 것이 우선이면서 되도록 무조건 쉬는 것이 도움 됩니다. 정신적 압박에서 오는 경우가 많기 때문입니다. 정신이 상하면 몸이 따라 아파오는 것입니다. 겉으로 육체는 멀쩡하니까 주위 사람들이 몰라줍니다. 긴장된 정신 상태를 안정시켜 주는 것만으로도 몸이 나을 때가 많습니다.

학교를 1~2년 쉰다고 세상이 무너지는 것도 아니고, 직장을 그만둔다고 세상이 멈추는 것도 아닐 텐데 부모가 자식을 미련스럽게 잡는 경우가 많다는 생각을 합니다. 자식의 미래를 위해서라고 말을 하지만 혹시 그 마음이 부모의 욕심은 아닌지 의심스러울 때가 있습니다. 아플 땐 쉬는 것이 장땡입니다.

31. 어느 날의 상담은

　A 씨는 남편이 쉬고 있습니다. 이 말을 들은 사장님이 남편의 이력서를 가져와 보라 했습니다. 사장님의 마음은 고마운데 괜히 나중에 남편에게 해가 될까 걱정되어 상담 신청을 했습니다.

　B 씨는 그동안 빚이 많아 법원 일이 많았습니다. 판결을 받으면 차근차근 빚을 갚아 나가야 합니다. 그런 중에 또다시 새로운 사업을 시작해 볼까 하는데 어떤가 물으러 왔습니다.

　C 씨는 피부과에서 피부관리사 근무 경력이 있습니다. 병원 근무를 그만두고 쉬고 있는데 남편이 계속 일하기를 원합니다. 신혼이라 아기도 가져야겠고 자신은 피부관리사 일을 그만두고 싶어 합니다. 앞으로 무얼 해야 할지 물으러 왔습니다.

　D 씨와 E 씨는 고3 딸들의 진학 문제로 찾아왔습니다.

　F 씨는 남편이 올해 귀에 이상이 생겨 일을 못 하고 있는데 언제쯤 남편의 건강이 좋아지려는지 다시 돈벌이는 하러 갈 수 있는지 물으러 왔습니다. 남편이 자꾸 죽고 싶다고 말해서 걱정입니다.

　G 씨는 딸이 결혼한 지 4년이 되었는데 사위가 해외 근무 중이고 딸이 혼자서 아이들 키우느라 힘들어한다며 사위가 언제 귀국해서 같이 지낼 수 있을지 물으러 왔습니다. 또 사위의 직장은 괜찮은지 딸의 앞으로의 삶은 어떨지 물었습니다.

H 씨는 친구가 지금 월급생활을 하는데 친구 회사에서 그 분야를 떼어다가 사업해 보라고 제안이 들어 왔다 합니다. 그런데 친구의 사정이 사업자등록을 친구 명의로 할 수 없는 상황이랍니다. H 씨에게 사업자등록 명의를 빌려줄 수 있는지 묻는데 어찌해야 좋을지 모르겠다며 상담을 청했습니다.

I 씨는 사는 동네가 재개발이 될 수 있도록 자신의 노력과 돈을 들여 만들어 놨는데 조합장이 20억을 받아서 다 쓰고 도망을 갔다 합니다. 그 사건으로 I 씨는 자식들과 남편에게 왕따를 당하는 중입니다. 계속 재개발 사업을 생각대로 밀고 나가야 할지, 자식들과 남편의 말을 따라야 할지, 과연 재개발이 진행될 수 있을지, 자신이 사는 집을 조합원 자격으로 새 아파트를 분양 받아야 할지, 분양 받는다고 아파트가 언제 지어진다는 보장도 없어서 그냥 현금 보상을 받고 나가야 할지 물으러 왔습니다.

하루 상담하러 온 사람들의 상담 내용을 정리해 보니 결국엔 남편 일, 자식 일, 돈 버는 일, 직장, 사람관계에 관한 일입니다. 때로는 여자, 남자 문제, 건강 이야기가 우리가 살아가는 삶의 전부인 것 같습니다. 매일 매일 사람과 사연이 바뀌어 찾아오지만 정리해 놓고 보면 사람 사는 일이 단순해 보입니다. 그 단순한 삶 속에서 우리는 울기도 하고 웃기도 하고 쓰러지기도 하고 절망하기도 하는 것 같습니다. 오늘도 난 그 단순한 삶 속에서 길을 묻는 사람들과 이야기를 나눴습니다. 그 이야기 속에서 지혜를 찾고자 하는 것이 내 일입니다.

32. 청개구리 이야기

88세 외할머니의 부고를 알리는 새벽 전화. 치매를 앓고 계시던 외할머니가 육신을 벗으셨답니다. 상주는 우리 엄마와 이모 두 분입니다. 외할머니는 평소에 광주 망월동 근처 공동묘지에 들어가고 싶어 하셨습니다. 그곳에 들어가려면 광주시민이 되어야 한다며 광주로 이사 가길 원하셨습니다. 결국 말년에 광주 사는 이모 집으로 가서 생활하다가 돌아가셨습니다. 그런데 이모들은 외할머니 시신을 화장한 후 외할아버지 묘 옆으로 모신다 합니다. 외할머니의 마지막 소원은 이룰 수 없을 것 같습니다.

"개인적인 조언을 듣고 싶습니다. 저희 어머님이 연로하십니다. 어머님은 돌아가시면 절대로 아버님 곁으로 가시지 않겠답니다. 그런데 남자 입장에서 먼저 가신 아버님이 외롭지 않을까 싶어서 아버님 곁으로 모시고 싶습니다. 또 이미 아버님 곁에 가묘도 만들어 놨습니다. 어머님의 말씀을 따라야 할지 아버지 곁으로 모셔야 할지 고민입니다."

"당연히 어머님 말씀을 따라야지요. 어머님을 정확한 자신의 의사를 밝히셨고 아버님은 의견이 없으시잖아요. 그리고 살아생전에 아버님 때문에 힘들게 지내신 어머님에게 사후라도 자유롭게 지낼 공간을 드리는 것이 낫지 않을까요?"

"그래도 남자 입장에서 어머님을 아버님 곁에 모시고 싶습니다."

"어머님에게는 죽어서조차 자유가 없네요. 갑자기 청개구리 이야기가 생각납니다. 평소에 반대로만 행동하는 청개구리 아들에게 청개구리 엄마는 자신의 묘소를 물가에 만들어 달라고 했죠. 평소의 행동대로라면 청개구리 아들은 엄마의 묘소를 산에 만들 테니까요.

엄마의 생각은 모르고 하필 청개구리 아들은 그때는 엄마의 말을 따라야겠다는 생각을 했죠. 그래서 엄마의 유언대로 물가에 묘를 만들고 비만 오면 엄마의 묘가 떠내려갈까 봐 슬프게 운다는 청개구리 일화 아시죠?"

"네. 그게 왜?"

"왜 하필 어머님의 묘소를 정하는 데 남자의 입장이 떠오를까요? 엄마의 소원을 무시한 채 남자 입장에서 어머니의 묘소를 결정하실 생각을 하신다는 생각이 좀 이상해요."

"그런가요? 남자의 입장에서 아버님이 외로울 것 같다는 생각이 들었습니다."

"아버님이 살아생전에도 남자의 입장에서 어머님에게 잘해 드렸나요? 어머니의 삶을 더 오랫동안 지켜본 분이 어머니의 입장과 여자의 입장은 전혀 고려하지 않으시네요. 혹시 따로 묘소를 쓰면 두 분의 묘소를 관리하기 힘들다는 아들의 입장이 더 강한 것은 아닐까요? 저는 객관적인 입장에서 어머님의 말씀을 따르면 어떨까 생각합니다."

나의 시어머니는 언제나 입버릇처럼 자신이 죽으면 화장해서 뿌려주길 원하셨습니다. 축축한 땅에 묻혀 있기 싫다 하셨습니다. 이 생에서는 마음대로 살아보지 못했으니 화장해서 재로 뿌려지면 새가 되어 훨훨 날아다니고 싶다고 하셨습니다. 어머님의 삶의 고단함을 나타내는 말이었습니다. 그러나 아들딸들은 어머님이 돌아가신 후 자신들이 엄마 보러 갈 곳이 없어진다며 공동묘지로 어머님을 모셨습니다. 정작 일 년에 한두 번조차 찾아뵙지도 않는데도 말입니다. 어리석은 자식들의 욕심입니다.

죽은 후 시신조차 자신의 뜻대로 갈 곳을 정하지 못하는 사람들을 생각해 보는 아침입니다.

33. 손녀가 태어났어요

"선생님의 손녀는 좋은 사주팔자를 가지고 태어났겠네요. 할머니가 어련히 알아서 좋은 날을 받아서 태어나게 했을까 싶어요."

"그럴까요? 전혀 아닙니다. 자연스럽게 아기가 태어나고 싶은 날과 시간에 태어났어요."

"어떻게 그렇게 하실 수 있나요? 아기들에게 좋은 출산택일 해 주시잖아요?"

"제가 명리학 공부를 15년 했더라고요. 처음 공부하고 상담한 5년은 빼고라도 지난 10년 동안 하루에 10명, 한 달에 20일 동안 상담했다고 계산하면 2만 4천 명이라는 단순 계산 숫자가 나오더군요. 참 많은 사주팔자를 접했더군요.

아기의 출산택일도 병원에서 받아오라 하니까 부모가 원하면 가끔 잡아주기도 했죠. 태어나는 아기의 출산택일뿐 아니라 아기를 처음 잉태할 때의 입태일을 계산할 수도 있습니다. 그런데 정작 저의 손녀 출산과정에는 어떤 관여도 하지 않았습니다. 하늘이 주시면 임신이 되겠지 하며 기다렸고요. 임신 중에는 잘 지켜주시리라 기도만 했고요. 산달이 되어 출산예정일이 가까워 와도 그냥 지켜만 봤습니다.

마음속으로는 '이 날이면, 이 시간이면 좋겠네.'라는 생각도 있었지만 말하지 않고 기다렸습니다. 마지막 자연분만이 실패하고 수술실에 들어갈 때도 '이 시간 안에 나오면 좋겠다.'는 기도만 했지 산모에게 어떤 언질도 하지 않았습니다.

다행히 '내가 생각한 데드라인 안에서 아기가 출생해서 괜찮네.'라는 생각만 했습니다.

만 개 이상의 사주팔자를 분석하고 그들의 삶을 상담해 온 사람으로서 결론은 '좋은 사주팔자도 나쁜 사주팔자도 없다.'입니다. 좋고 나쁜 사주팔자는 없는데 그 삶의 주인공들이 좋고 나쁨을 가르는 것 같습니다. 있는 것은 당연하게 여기고 없는 것만 쫓으면 어느 사주든지 절대로 좋을 수 없습니다. 사주팔자는 불완전을 전제로 하거든요.

저는 자연스럽게 물 흐르듯이 순리대로 가자며 삽니다. 아기 출생에도 순리대로 되겠지 생각했습니다. 순리대로 가면 자연스러워져요. 자연스럽게 흘러가면서 살다가 선택의 순간이 오면 내가 진정으로 원하는 것이 무엇일까를 생각하고 행동하는 주의입니다. 대신에 삶의 순간순간은 누구보다 열정적으로 최선을 다해서 삽니다. 그래야 소풍 나온 것 같은 일생의 삶을 제대로 즐길 수 있으니까요.

나의 삶도 순리대로 살아가려고 하는 사람인데 굳이 새 생명의 운명에 감히 할머니라는 이름으로 끼어들 수는 없습니다. 그 아이에게는 그 아이의 운명과 삶이 존재하는 것입니다. 그 아이의 삶을 한 생명으로서 존중해 줄 뿐입니다. 그저 우리는 지켜보며 보호하고 기도해 줄 뿐입니다.

명리학을 15년 동안 연구하고 공부해 온 할머니의 마음입니다."

34. 써야 용신(用神)이다

"제가 정말 정신병자가 될까요?"

"누가 그래요?"

"점을 잘 본다는 곳에 친구 따라 갔어요. 그곳에서 제가 머리에 꽃을 꽂을 거래요. 그 말을 제가 미칠 거라는 뜻이죠?"

"저런. 제가 이상한 곳 다니지 말라고 그랬죠?"

"답답해서 갔죠. 잘 본다 하니까 무슨 해답이 있나 하고요."

"그래서 답을 얻었어요?"

"제가 미칠 거라는 말만 들었어요."

"뭐가 제일 답답하세요?"

"저의 아버지요. 제 아버지 때문에 미칠 것 같아요. 저만 괴롭혀요. 온갖 일은 다 시키고 이상한 행동만 하시고….'"

"아버님의 일은 벌써 몇 번째 같은 상담을 하는 것 같네요. 그렇게 힘들면 다른 일을 구하고 아버님 옆에서 하는 일을 그만두는 것이 어때요?"

"그럴 수 없어요. 돈을 벌어야 해요. 또 아버지 옆에서 경제적 도움도 받아야 하고요."

"그럼, 금전적 도움을 계속 받으려면 참고 일하셔야지요."

"그렇긴 한데. 제가 미칠 것 같아요. 한계예요. 저희 아버지는 죽지 않을까요? 아니지. 자식이 아버지를 죽기를 바라면 안 되겠죠? 돌아가시면 안 돼요. 아, 미치겠어요."

"이러니 어디 가서 머리에 꽃을 꽂겠다는 험한 말이나 듣죠. 나이 드신 어른들은 절대로 변할 수가 없어요. 변하리라고 기대하지 마세요. 젊은 자식들이 무조건 맞춰드려야 해요."

"그게 힘들어요. 아버지는 너무 이상한 짓만 하세요."

"팔순이 넘으셨으니 그럴 수도 있어요. 그러나 어떤 부분은 딸이 아버지를 이상하게 보는 것도 있을 겁니다. 사람은 주관적인 자신의 입장에서 판단하거든요."

"그럼 저는 어떡해요. 아버지를 돌아가시라고 빌 수도 없고 저는 아버지의 도움을 계속 받아야 하지만 아버지가 정말 싫어서 보고 싶지 않아요. 제가 이러다가 정말 미치는 것은 아닐까요?"

"아버지랑 관계 설정을 다시 해보세요. 직장에서 아버지를 아버지라고 생각하면 머릿속에 가족이라는 개념이 있어서 기대하고 서운해하게 돼요. 직장에서는 가족이 아니에요. 직장에서는 아버지가 아니고 사장님이세요. 그 관계만 명확히 설정하셔도 덜 힘들어요. 직장에서는 타인으로 대하는 연습을 하세요. 아버지가 시키는 일이 아니라 사장님이 시키시는 일이에요.

또 부모님이 연세가 들어가는데 자식들은 어릴 적 자신의 부모님만 모습을 기억해요. 여전히 자신을 돌봐주는 존재로 생각하지만 정작 현실에서 부모님은 약해지셔요. 그런 모습을 지켜보는 자식들은 스스로 그 모습을 인정하지 못해요. 거기서 오는 헷갈림과 갈등으로 짜증이 나기도 하고 화를 내기도 합니다."

"그런 생각은 못 해 봤어요. 아버지는 언제나 어느 곳에서나 아버지라는 생각만 했어요. 관계설정을 다시 해보라는 말은 생각해 봐야겠어요. 제가 잘 해낼 수 있을까요?"

"본인의 사주에는 여덟 글자 중에 일곱 글자가 불이라는 기운을 나타내고 있어요. 이럴 경우에는 보통의 사람보다 정신적 스트레스가 강해요."

"방법은 없나요? 저는 정말 죽을 것 같아요."

"명리학에서 조언은 집안에 시원한 기운이 도는 수족관이나 분수를 설치해 보라고 해요. 될 수 있으면 붉은 색은 멀리하고 흰색이나 검정색을 많이 이용해도 좋고요. 옷이나 벽지 색깔로 활용 가능해요. 음식도 해조류나 바다에서 나오는 재료를 이용해 음식을 만들고요. 운동으로 수영을 해 보는 것도 권해요."

"정말 효과가 있을까요?"

"명리학에서는 '용신'이라는 것이 있어요. 운명을 바꿀 수 있는 키워드예요. '사용해서 내 운명에 도움을 받는다는 신'이죠. 살아가는데 도움을 받는 보약 같은 존재죠. 방금 알려 준 방법들은 본인 사주의 용신을 활용하는 방법들이에요. 그런데 아무리 좋은 보약이라도 먹어야 효과가 있어요. 냉장고에 넣어두고 쳐다만 본다고 효과가 생기는 것이 아니죠. 먹어야 보약이듯이 아무리 좋은 용신도 사람이 사용해야 자신의 운명에 도움을 받아요. 그냥 용신을 알고 있다고 저절로 도움을 주진 않아요. 쓸 용, 사용할 용 자거든요. 결국 명리학의 꽃인 '용신'이라는 것은 사람의 의지를 사용해야 한다는 뜻이죠. 사람이 써야 용신이 되는 거예요. 그래서 옛날 학자들이 운명을 바꾸려면 사람의 의지를 써야 한다고 '용신'이라는 단어를 썼나 봐요. 명리학은 운명이란 사람의 의지에 달렸다고 말하고 있어요. 사람의 운명을 예측하는 명리학도 결국엔 사람의 의지를 실천해야 하는 행동학이죠."

"그렇군요. 제가 앞으로 괜찮을까요?"

"네. 괜찮아요."

"음양이 뭐예요?"

"음양? 짝이지."

"짝? 내 친구?"

"하늘과 땅이 짝이란다. 낮과 밤도 짝이고, 여자와 남자, 해와 달, 밝은 것과 어두운 것, 단단한 것과 부드러운 것, 밖과 안, 엄마와 아빠, 추운 것과 더운 것, 긴 것과 짧은 것 등이지."

"와! 세상에는 짝이 많네요."

"그래. 짝들 중에서 하늘, 낮, 남자, 해, 밝은 것, 단단한 것, 밖, 아빠, 더운 것, 긴 것들을 사람들이 양이라고 부른단다."

"그럼 땅, 밤, 여자, 달, 어두운 것, 부드러운 것, 안, 엄마, 추운 것, 짧은 것은 음이겠네요."

"그렇지. 짝끼리는 어떻게 지내야 하지?"

"네. 친구랑은 잘 지내야 해요."

"음양은 친구끼리 시소를 타는 것과 같단다. 시소는 오르락내리락 해야 재밌지?"

"네. 호동이랑 탈 때는 재미없어요. 호동이는 저보다 무겁거든요. 유미랑 탈 때는 재밌어요."

"음양의 마음은 시소 타는 것처럼 균형을 이루려고 한단다. 엄마가 힘이 세거나 아빠가 힘이 세면 맨날 싸우겠지? 낮이 너무 길면 우리 선영이 잠을 자야 하는 밤 시간이 부족하겠지. 또 밤이 너무 길면 선영이 공부하고 놀아야 할 낮 시간이 부족하겠지?

낮과 밤, 아빠와 엄마처럼 양과 음의 의미는 반대인 것 같아도 서로 싸우는 것이 아니란다. 누가 좋고 누가 나쁘다가 아니지. 서로 의지하며 균형을 이뤄가는 것이다. 음양은 균형을 이루고 조화롭게 지내야 하는 짝이란다."

"오행은 뭐예요?"

"음양을 알았지? 음양에서 원소들이 분류되어 나온 것이 다섯 가지란다. 오행이란 세상을 이루고 있는 다섯 가지 성분이 돌아다닌다는 뜻이야.

오는 목, 화, 토, 금, 수 다섯 가지 기운을 말하고. 행은 그 다섯 가지 기운들이 흐르는 방향을 말하지. 오행의 다섯 가지 기운은 위로 올라가고 아래로 내려오고, 뭉쳐지고 흩어지면서 끊임없이 순환한단다. 오행의 순환이 세상을 변화시키고 영향을 미친다. 사람의 일생으로 보면 태어나서 자라고 청소년기를 거쳐 중년, 장년, 노년을 지나 죽는 과정이고. 나무는 싹을 틔워 생장하고 꽃을 피우고 열매를 맺고 수확하고 저장했다가 다시 발아를 시킨다. 이런 순환이 오행이 만드는 작품이란다.

태양을 중심으로 목성, 화성, 토성, 금성, 수성의 공전과 자전 그리고 지구의 공전과 자전, 달의 공전이 사람들에게 영향을 미친다고 보는 것이지."

"오행은 우주에 대한 이야기네요."

"천간과 지지는 뭐예요?"

"천간은 하늘의 기운이다. 갑, 을, 병, 정, 무, 기, 경, 신, 임, 계 10개로 나누어 부른다. 지지는 땅의 기운이다. 자, 축, 인, 묘, 진, 사, 오, 미, 신, 유, 술, 해 12개로 나누어 부른다. 하늘의 기운인 천간은 양을 나타내고 생각, 천성, 기 등 우주의 가치를 대변하며 땅의 기운인 지지는 음을 나타내고 환경, 상황, 행동, 물질 등 사람들의 현실적 가치를 상징한다. 천간과 지지도 어느 것이 더 중요하고 어느 것이 덜 중요하다고 말할 수 없단다. 다루는 영역이 다를 뿐이란다."

"사주팔자는 뭐예요?"

"이번에 아기가 언니 배 속에서 자라는 것을 10달 동안 지켜봤지?"

"네. 정말 신기했어요. 초음파 사진 속 점에서 시작해서 점점 사람의 모습이 되어 갔어요."

"그래. 신기한 경험을 했다. 아기가 엄마 배 속에 있을 때는 양수로 둘러싸여 있다. 이때 탯줄이 아기와 엄마를 연결해 주지. 탯줄을 통해 영양분을 공급받고 탯줄을 통해 숨을 쉰단다."

"난 이번에 아기 탯줄 못 봤어요."

"병원에서 신생아를 관리하니까 못 봤구나. 선영이 배 중앙에 있는 배꼽이 탯줄이 떨어진 자국이잖아. 태어나서 일주일 정도 지나면 저절로 떨어진다."

"그렇구나. 못 봐서 아쉽네."

"엄마 배 속에서 탯줄로 호흡을 하던 아기가 태어나면서 탯줄은 잘리고 스스로 폐호흡을 시작한단다. 세상은 언제나 스스로 뭔가를 할 때 변화를 일으킨다. 아기가 스스로 첫 호흡을 하면서 이 세상의 기운을 받아들인단다. 역사적 순간이다. 이때 첫 호흡을 하면서 받아들인 우주의 기운이 모여서 한 사람의 운명을 만든단다. 그래서 태어나는 순간이 중요하니까 아기 낳는 수술할 때 좋은 시간에 아기가 태어나게 하려고 출산택일이라는 것을 한단다."

"우리 아기는 그런 것 없었잖아요?"

"그렇지. 자연스럽게 아기가 태어나고 싶은 날 태어났지. 자연스럽게 태어났든, 제왕절개로 태어났든. 누구에게나 태어난 첫 순간은 있다. 첫 호흡한 순간도 있다. 이 순간이 생일이 되는 것이지. 몇 년, 몇 월, 며칠, 몇 시로 표현하지."

"맞아요. 의사 선생님이 카드에 아기의 태어난 시간을 정확히 적어놨어요."

"엄마 배 속에 태아로 있을 때는 모든 것이 엄마의 삶을 따른다. 그런데 이제 엄마 배 속에서 나온 아기는 스스로의 삶을 살아야 한다. 스스로 호흡도 하고 스스로 먹기도 해야 해. 아기가 그렇게 스스로의 삶을 시작하려니 막막하다. 동쪽으로 살아가야 할지, 서쪽으로 살아가야 할지. 그래서 기준이 필요했다. 너도 어딘가를 가려면 스마트폰 앱을 켜고 지도를 검색하지?"

"네. 요즘은 지도 앱 없으면 어디 가기 힘들어요."

"사람이 살아가는 데도 인생 지도가 필요하다. 그 인생 지도는 아기가 첫 호흡을 하면서 태어난 순간에 만들어진다고 보고 태어난 연월일시를 기호로 바꾸어 그려 놓고 살펴보는 학문이 명리학이란다. 태어난 순간의 연월일시를 기호로 바꾸면 네 개의 기둥으로 세워지지. 녁 사 자 기둥 주 자 '사주'가 되고, 그 네 개의 기둥 안에는 여덟 글자가 들어 있어서 '팔자'라고 부른단다. 사주팔자는 숫자로 되어 있는 생일을 여덟 개의 기호로 바꾼 것이지."

"사주팔자는 그럼 그 사람의 인생 지도네요?"

"맞아. 인생 지도, 인생 설계도, 인생 내비게이션이라고 부른단다. 엄마는 인생 설계도라고 부른다. 설계도라는 것은 아직 완성되지 않은 그림이잖아. 사람들은 사주팔자를 인생 완성도로 착각을 하곤 한다. 그러면 운명결정론이 되어버린다. 설계도는 변경이 가능하다. 잘못되어 간다 싶으면 변경을 할 수 있기 때문에 조금은 유연성이 있는 것이지. 이 설계도 변경을 운명에 적용시키면 운명 변경이다. 운명을 변경시키기 위해서는 내 설계도에 무엇이 들어 있는지 알아야 해. 어디를 가다가 길을 잘못 들었다 싶으면 지도부터 살펴보잖아. 여기가 어디쯤이고 어디로 가야 하는지 다시 검토하듯이 사람도 살아가다가 뭔가 잘못 길을 간다 싶으면 자신의 인생 설계도인 사주팔자를 살펴보는 거란다. 그곳에서 다시 인생길을 검색하는 것이지.

인생 설계도인 사주팔자를 살펴보는 것을 사람들이 사주풀이라고 한다. 사주풀이는 재미로 보는 것이 아니고 내가 내 인생 설계도에 맞게 살아가고 있는가를 점검하는 것이고. 만약에 인생이 꼬여 있다면 내 인생을 제대로 살아가기 위해서 어디를 어떻게 바꿀 것인가를 살펴보는 것이 사주풀이란다. 알아야 바꿀 수 있기 때문이지. 그럴 때 명리학이라는 학문은 인생 설계도 변경을 위해 사람들에게 조언을 해준단다. 그래서 사람들은 가끔 자신의 사주풀이를 해봐야 한단다. 사주풀이 방법은 자신이 명리학을 공부해서 살펴보는 것이 가장 좋다. 자신을 가장 잘 아는 사람은 자신이니까. 하지만 쉽지 않아서 대부분의 사람들은 전문가인 명리학을 공부하신 분들에게 자신의 사주풀이를 의뢰하는 것이지."

"그래서 엄마가 나에게 명리학을 배우라고 하셨구나."

"그래. 기회가 될 때마다 명리학 공부를 해 두면 자신의 삶을 돌아볼 수 있어서 살아가는 데 도움이 된단다. 특히 어떤 선택을 해야 할 때 많은 도움을 주는 학문이 명리학이란다. 유명하신 분들 중에 명리학의 대가들이 많은 것도 자신의 삶에 도움을 받기 때문이다."

"저도 열심히 해 봐야겠네요."

"대운은 뭐예요?"

"사주팔자를 나무로 비유할게. 어떤 사람 사주팔자는 소나무이기도 하고 어떤 사주팔자는 사과나무이기도 하고 어떤 사주팔자는 꽃나무이기도 한다. 사주팔자가 곧 사람이니까 사람의 모습도 나무의 종류처럼 많다고 생각하면 된다. 그래서 어떤 사람의 삶은 꽃도 피우고 명예도 얻고, 어떤 사람은 늘 푸른 소나무로 살아가기도 하고, 어떤 사람은 덩쿨처럼 다른 사람에게 기대어 살아가기도 한다. 대부분의 사람들은 키 작은 나무의 삶으로 이 지구의 공간을 채우고 있단다. 나무는 한곳에 뿌리를 내리고 서 있지?"

"네. 움직이지 않아요."

"'움직이지 않는 나무' 같은 사주팔자를 命(명)이라고 부른다. 나무는 가만히 서 있는데 바람이 불어온다. 봄에는 산들산들 바람이 불어오고, 여름에는 비바람이 치기도 하고, 겨울에는 눈보라가 치기도 한다. 나무는 가만히 서 있는데 산들바람이 불어오면 나무는 움을 틔우고 꽃을 피운다. 꽃을 피우면 열매를 맺기가 쉽지? 비바람이 불어오면 나무는 꽃을 떨어뜨리고 잎을 움츠린다. 눈보라가 불어오면 나무는 잎사귀를 떨구고 오돌오돌 떤다. 나무를 사람이라고 바꾸면 들어오는 바람에 따라 사람의 사는 모습도 달라진다. 가만히 서 있는 나무를 사주팔자인 '명'이라 했고 나무에게 다르게 불어오는 바람을 運(운)이라고 부른다. 두 개를 합쳐서 '운명'이라고 부른단다.

이 들어오는 운에는 두 가지가 있단다. 사람에게는 누구에게나 선천적인 운과 후천적인 운이 있단다. 선천운은 엄마 아빠가 사랑을 나누며 아기를 잉태하면서 이미 정한단다. 아기의 태어날 해와 월이 정해지지. 무슨 띠 몇 월이 이때 정해진다. 사주의 네 개의 기둥 중에 두 개의 기둥이 이미 이때 정해진단다. 그래서 선천운이라 부른다. 대운이라고도 부른단다. 옛날 왕과 왕비님들은 아무 때나 잠자리를 하지 못하게 했잖아. 왕손들의 운이 정해지니까 입태일 날짜 뽑아서 정해진 날짜에만 합궁을 했다. 사극을 보면 가끔 '왕비마마 오늘이 합궁일이옵니다.'라고 내시가 아뢰는 장면이 나오잖아. 그 합궁일이 바로 왕손들의 입태일이었던 거야."

"와, 드라마 대사에도 그런 것이 나오네요. 임금님만 그러지 말고 일반 백성들도 좋은 날 택해서 아기를 갖도록 하면 좋았겠네요."

"그렇겠지… 그래서 옛날에는 명리학을 제왕학이라고 했단다. 왕들이 자신들이 부귀영화와 왕권강화를 위해 사용했던 것이지. 일반 백성들에게는 알지 못하게 하는 학문이었다. 자신들만 잘 먹고 잘 살겠다는 심보야. 엄마 아빠가 만들어 놓은 선천운이 태어나면서 날과 시가 잘 맞으면 운이 좋다고 하고 조금 어긋나면 운이 부족하다고 한단다. 옛날이야기 하나 해 줄까?"

"뭔데요?"

"성삼문이라는 학자를 들어봤지?"

"네. 단종 복위를 노리다가 돌아가신 집현전 학자 아닌가요?"

"그래, 맞다. 그분이 태어나실 때 이야기야. 옛날에는 산달이 되면 임산부들은 친정에 가서 얘기를 낳았단다. 친정 엄마의 손길이 제일 편하잖아."

"그렇겠죠. 언니도 엄마가 옆에 있어야 편하다고 하잖아요. 심부름 시키려면."

"옛날 선비들은 사서삼경이라는 공부를 했다. 그중에는 역경이 들어 있었지. 옛날 어른들은 정규과목으로 명리학 공부를 하셨다는 뜻이다. 성삼문의 외할아버지도 명리학 공부를 하셨나봐. 태어날 손자의 운명을 살펴보니 예정한 시간에 태어나면 단명할 팔자가 되는 거야. 이미 대운은 정해져 있고, 태어날 년과 월도 정해져 있으니 날과 시간만 따져보면 되는 일이잖아. 그래서 외할아버지가 외할머니에게 다듬이질할 때 사용하는 댓돌을 쥐어주셨대. 자신이 신호를 줄 때까지 절대로 아기가 밖으로 나오지 못하게 막고 있으라고 명령을 하셨지. 외할머니가 댓돌을 들고 산통을 하는 방으로 들어가셨다. 외할머니께서 딸이 산통으로 힘들어하니까 문을 열고 물었대. 시간이 되었느냐고, 외할아버지가 밖에서 안 됐다 하시더래. 잠시 후 다시 외할머니가 문을 열고 물으니 또 외할아버지께서 안 됐다 하시더래. 결국 세 번을 묻고 태어났다고 해서 석 삼 자, 물을 문 자 성삼문이라는 이름을 얻으셨대. 그렇게 노력했는데도 사육신으로 장가도 못 가고 돌아가셨지. 책에는 외할아버지의 노력이 아니었다면 10대에 돌아가셨을 거라고 하더라.

그런데 요즘은 태어나는 시간에 오류가 많다. 제왕절개가 많다 보니 아기들의 태어나는 시간이 거의 의사 선생님 출근 시간과 퇴근 시간 안에서 이루어진다. 즉, 낮 시간에 태어나는 아기들이 너무 많다는 거야. 어떤 사주는 밤에 태어나야 선천운에 맞는 사주가 있고 어떤 사주는 새벽에 태어나야 좋은 사주가 되는데 모두 낮 시간에만 태어나니까 출산생태계가 무너져 버렸어. 낮은 양, 밤은 음이라 했지? 아기들이 제왕절개로 모두 낮 시간에 출생을 하니까 양의 기운을 가진 아이들이 많아진 거야. 출생 수는 적은데 삶의 경쟁률이 세진 것이지. 엄마가 대운을 설명하다가 엉뚱하게 흘렀네."

"그것도 재밌었어요. 대운이란 엄마 아빠가 만들어주신 운이네요."

"여기서 선천운은 바람이지만 사람에게 5년, 10년, 20년 단위로 바람이 부니까 환경이라고 하는 것이 낫겠지. 사람이 한 번 무너지면 최소 5년 동안 힘들다는 뜻이야. 대운에서 말하는 5년, 10년, 20년은 사람에게 지혜를 준단다. 뭔가를 이루는 데 그렇게 긴 시간이 필요하다는 뜻이기도 하고, 한 번 무너지면 긴 시간 동안 움츠려 있어야 한다는 뜻이기도 하고, 무너졌다면 급하게 올라가지 못하니까 차근차근 천천히 준비하라는 뜻이기도 하다.

그래서 대운을 살핀다는 것은 한 번 내려가기 시작하면 오랜 시간을 기다려야 하니까 지금 어떤 선택을 할 때, 앞으로 나아갈 것인가, 엎드려 있을 것인가, 뒤로 물러설 것인가를 판단하는 기준이 된단다. 그래서 정치하는 사람들이나 사업을 하는 사람들은 이 대운의 흐름을 중요하게 생각한단다."

"사람들이 자기의 대운의 흐름을 잘 살펴보면서 살아야겠네요. 그럼 후천운은 뭐예요?"

"대운은 선천적인 운이라 했고 환경이라 했다. 이 대운의 흐름은 개개인이 다 다르다. 어떤 사람은 어릴 때는 잘 살았는데 살면서 힘들게 사는 사람이 있다. 어떤 사람은 반대로 어렵게 살다가 잘 사는 경우도 있고, 어떤 사람은 삶이 오르락내리락 하기도 한다. 그래서 사람마다 삶의 선이 다 다르다.

그런데 후천운은 세운이라고 한다. 한 해 한 해 들어오는 운이지. 사람들에게 직접적으로 불어오는 바람이라고 생각하면 쉽겠다. 공통적으로 들어오는 바람이 사람마다 다르게 작용한다. 그 다르게 작용하는 것을 살펴보는 행위를 어른들이 일 년 신수 본다고 하는 거야. 일 년 동안 우리 집에, 나에게, 자식에게, 남편에게, 부모님에게 어떤 일이 있고, 어떤 선택을 해야 하는지 가늠해 보는 것이지. 일 년을 살아가기 위한 어른들의 지혜가 일 년 신수 보는 행위였던 거야. 그래서 일 년의 운 정도는 살피고 가라고 한단다. 그런데 일 년의 운을 살핀다고 해서 그 일이 사라지거나 없어지지 않는다. 다만 어떤 일이 발생했을 때 알고 당하니까 대처가 가능하고, 크게 당할 일을 작게 마무리 지을 수 있는 지혜를 얻는 것이지. 잡을 조(操) 자에 마음 심(心)이란다. 마음을 잡고 조심하면서 살아가면 대응이 가능하다는 뜻이다."

"어른들이 일 년 신수 본다 하면 미신인데 뭐 하러 보나 싶었는데 우리가 일 년 계획 세우는 것과 같은 지혜였군요."

"그래. 옛날 사람들이라고 절대로 우리보다 지능이나 지혜가 떨어진 것이 아니야. 오히려 지금의 현대인들보다 지혜적인 면은 더 강하지 않을까 생각한다. 그 지혜들 중에 '6개월만 참아라.'라는 말도 있단다. 어떤 어려움에 처했을 때 일단 6개월만 버텨보자고 생활하면 운이라는 바람이 바뀐다는 것이다. 어떤 사람이 사주에 불이 많은 사주인데 봄에 어려운 일에 처했다고 가정해 보자. 봄과 여름 6개월은 태양이 힘을 받는 구간이다. 불이 많은 구간이다. 그 사람 일은 맥을 못 춘다. 그런데 가을에 접어들면 제 아무리 태양이라도 서서히 힘을 잃는다. 그러면 그 사람에게 새로운 힘이 생기는 것이다. 그렇게 사람이 일 년도 다시 6개월씩 끊어서 살아가는 지혜를 명리학에서 얻을 수 있단다."

"명리학이라는 학문은 사람이 살아가는 데 많은 도움을 주기도 하고 조언을 해 주고 위로도 해 주고 스스로 생각을 하게 하는 것 같아요."

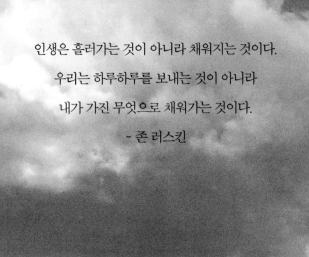

인생은 흘러가는 것이 아니라 채워지는 것이다.

우리는 하루하루를 보내는 것이 아니라

내가 가진 무엇으로 채워가는 것이다.

- 존 러스킨

김희숙이 7가지로 답하다

1. 공간이 답하다

"이사하려고 하는데 어디로 가면 좋을까요?"

봉숭아 씨앗을 본 적이 있습니까. 초록색 여린 모습이었다가 익어 가면서 점점 부풀어 오르고 커집니다. 어느 순간 툭! 하고 터지면서 씨앗은 튕기고 씨앗을 감싸고 있던 껍질은 또르르 말려들어 갑니다. 재미있는 광경입니다. 이때, 씨앗 하나가 돌무더기 사이로 떨어졌습니다. 다른 하나는 외양간 옆 하수구로 떨어졌습니다. 또 다른 하나는 근처 화단으로 떨어졌습니다. 한날한시에 씨앗이 떨어졌는데 돌무더기 사이로 떨어진 씨앗은 다음 해에 비쩍 마른 모습으로 자라네요. 하수구로 떨어진 씨앗은 병들고 썩어 없어졌습니다. 화단에 떨어진 씨앗은 통통하게 자라서 다시 꽃을 피웁니다.

사람 사는 것도 비슷합니다. 같은 해, 같은 달, 같은 날, 같은 시에 태어났더라도 어디서 잉태됐느냐, 어디서 태어났느냐, 어디서 사느냐에 따라 삶이 달라집니다. 부산에 사는 사람, 서울에 사는 사람, 전라도에 사는 사람, 미국에서 사는 사람의 살아가는 모습이 다 다릅니다. '어디서'에 따라서 봉숭아 씨앗이 자라는 모습이 다르듯이 사람의 사는 모습도 달라집니다. 사는 곳이 다르면 삶이 달라진다는 것을 경험적으로 아는 손님들이 찾아와서 묻습니다.

"사무실을 내려고 하는데, 공장 터를 사려고 하는데, 장사를 시작하려 하는데, 이사하려고 하는데… 어디로 가면 좋을까요, 어느 방향이 맞을까요. 김해가 좋을까요, 부산이 좋을까요, 양산이 나을까요, 101호가 좋을까요, 201호가 좋을까요?"

이 질문은 '내 생명의 씨앗이 어디로 가면 편하게 돈을 벌고 건강하게 잘 살 수 있을까요?'를 묻는 질문입니다. 생명을 가진 존재는 공간의 영향을 가장 많이 받기 때문입니다.

결혼을 앞둔 사람들이 상담을 오면 허니문 베이비는 만들지 말라고 권합니다. 허니문 베이비가 되려면 아기가 호텔이나 모텔에서 잉태된다는 말입니다. 모텔이나 호텔은 잠깐 머물다 오는 곳입니다. 여러 사람들이 머물다 가는 장소이니 깨끗한 기운이 아닙니다.

동의보감에서는 자식을 잉태하기 위해 성행위를 해서는 안 되는 장소를 알려줍니다. 옛날에는 묘지, 논밭, 절간, 상여 곳집, 신당 등이었고 오늘날에는 화장실, 부엌, 차 안, 호텔이나 모텔을 피하라고 합니다. 새 생명이 깨끗하지 않은 곳에서 잉태하면 대개 신기가 있거나 정신지체아, 신경쇠약이 많습니다.

함안에서 2층 빌라에 사시는 분이 상담한 내용입니다. 가족이 세 명입니다. 여자가 이혼 후에 아들, 딸과 함께 살고 있었습니다. 아들이 고환암이 왔고, 딸이 우울증과 희귀척수증을 앓기 시작했습니다. 여자는 호프집에서 종업원으로 생계를 이어가며 살고 있습니다. 빌라 앞에는 제법 오래된 나무 한 그루가 있습니다. 그 나무에서 옛날부터 지금까지 아홉 명의 사람이 목매 자살했다고 합니다. 1층 집에서 보면 나무의 밑동이 보입니다. 3층에서 보면 나무의 윗가지들이 보입니다. 2층에서 보면 사람들이 목을 맨 나뭇가지가 제일 잘 보입니다. 아이들이 아픈 이유 중에 그 집 앞 나무의 영향이 많은 것 같습니다. 이런 집에서는 얼른 도망가야 합니다. 이런 공간의 영향을 연구하는 학문이 풍수학입니다. 우리가 사주 상담을 할 때 참고로 삼는 것이 그 사람의 살아온 동네 이력입니다. 그래서 지금은 어디서 살고 있느냐, 전에는 어디서 살았느냐를 묻기도 합니다. 사는 곳이 삶에 영향을 미치기 때문입니다.

요즘 사람들에게 좋은 집이란 부동산 가치로서 집값이 잘 올라가는 곳을 제일로 칩니다. 그런데 어느 집에 이사 갔더니 '가족들이 건강하고, 가족이 화목하게 지내고, 뭔가가 자꾸 집 밖으로 나가는 집보다 집 안으로 들어오고, 그 집에서 자고 나갔더니 밖에 일이 잘 풀리는 집이 좋은 집'이라고 합니다. 그러나 우리는 출퇴근 거리나 가지고 있는 돈 등 각자의 여건에 따라 살아야 하기에 꼭 좋은 집만 골라 들어가 살 수 없습니다. 그래서 풍수인테리어로 보완을 하려고 합니다, 살고 있는 공간을 명당화 시키려고 노력합니다. 충분히 노력해 볼 가치가 있다고 생각합니다.

또 명당에 살 수 없으면 명당을 많이 밟고 오면 도움이 됩니다. 10여 년 전에 제가 명리 공부를 시작할 때입니다. 다가올 2015년 운이 제가 죽을 운에 가까웠습니다. 대운과 세운이 동시에 좋지 않았습니다. 공부를 가르쳐주시는 스승님에게 이때는 어떡하면 좋겠느냐 물었습니다. 스승님은 현실의 삶을 모두 정리하고 산으로 도망가라는 지침을 주셨습니다. 막상 2015년이 되니 긴장하게 되었습니다. 아직 공부를 마치지 않은 딸도 있고 삶을 정리하기에는 아직 젊었습니다. 그래서 방법으로 좋은 터를 많이 다니자고 결심했습니다. 조용헌의 『휴휴명당』이라는 책 속에 나오는 장소를 모두 밟아보리라 마음먹고 열심히 다녔습니다. 그 외에도 풍수 선생님이 가르쳐주신 문화재 터나 풍수 책에 나오는 장소들을 절실한 마음으로 다녔습니다. 간절한 마음으로 꾸준히 다녔습니다. 그 덕분인지 연초에는 큰돈 지출이 많고 일이 터지더니 오히려 가을을 넘기며 좋은 일이 많아졌습니다.

세상에는 좋은 장소들이 많습니다. 명당이란 어떤 곳일까요? 불국사를 예로 들어보겠습니다. 천 년 이상 그 자리를 지키고 있습니다. 입장료 수입도 만만찮습니다. 세계문화유산으로 지정되어 명예까지 가지고 있습니다. 그런 곳에 앉아만 있다 와도 도움이 됩니다. 우리가 아는 명소들이 모두 명당입니다. 이것이 여행의 의미 중 하나입니다. 먹고 마시고 쓱 한번 둘러보는 관광이 아니라 좋은 곳을 많이 밟고 오는 것이 좋은 운을 상승시키는 방법입니다. 좋은 장소를 자주 다니는 사람은 부자로 못 살더라도 가난하게는 안 삽니다. 사람들에게 좋은 장소 다니기를 권하면 '살기 편하고 돈과 시간과 여유가 있으니까 여행이나 다니는 것 아니냐'고 합니다. '먹고 살기도 바쁜데 무슨 여행입니까?'라고 반박합니다. 꼭 차를 타고 비행기를 타고 멀리 가지 않아도 가까운 곳에 명소들은 얼마든지 있습니다. 그런 장소를 자주 걸어 다니며 내 운을 상승시켜야 되겠다고 생각하면 됩니다. 자신의 좋은 운을 상승시키기 위해 좋은 장소를 자주 찾아가는 것도 노력입니다.

나에게 맞는 풍수 인테리어

풍수학을 전문적으로 공부하는 방법도 있고, 명리학을 이용해 나에게 맞는 풍수인테리어를 해보는 방법도 있습니다. 명리학은 각 개인의 사주에서 木, 火, 土, 金, 水 다섯 가지 기운이 얼마나 조화롭게 균형을 이루느냐를 살펴보는 학문입니다. 타고난 사주는 여덟 글자이고 오행은 다섯 가지이니 태생적으로 불균형과 불완전을 안고 있습니다. 이 불균형을 해소해 주고 조화를 추구하는 기운을 길하게 봅니다. 예를 들어 사주에 물(水)의 기운이 강하여 넘친다면 토(土)로써 막아주거나 목(木)의 기운으로 빼내주는 방법입니다.

인터넷에 무료 사이트만 살펴봐도 자신의 사주팔자를 접할 기회가 많습니다. 글자를 다 이해 못 하면 사주를 색깔로 표시하여 다섯 가지 기운을 나타내고 있는 곳도 많습니다. 이런 수고를 하거나 가까운 역술원에 문의하면 금방 자신에게 필요한 기운을 알아낼 수 있습니다. 그렇게 알게 된 오행으로 자신에게 맞는 방향, 색깔, 자재를 이용하여 풍수 인테리어를 할 수 있습니다.

목(木)의 기운이 필요하면 초록색, 푸른색, 화(火)의 기운이 필요하면 붉은색, 토(土)의 기운이 필요하면 노란색, 금(金)의 기운이 필요하면 흰색, 수(水)의 기운이 필요하면 검정색을 보완해 주는 방법입니다. 벽지나 페인트 색깔로 이용합니다. 자재의 재료를 나무 자재나, 황토 흙이나, 대리석을 사용하고, 불을 피울 수 있는 벽난로를 설치해보거나 수족관이나 분수로 집안 인테리어를 하는 것도 좋은 방법입니다.

중요한 물건을 놓거나 가구의 배치에 오행의 방향을 이용해 볼 수 있습니다. 목(木)은 동쪽, 화(火)는 남쪽, 토(土)는 중앙, 금(金)은 서쪽, 수(水)는 북쪽입니다. 주변 환경을 살피거나 꾸밀 때도 활용합니다.

좋은 공간을 만들려면 우선은 집 안이 밝아야 합니다. 집 안에서 가장 밝고 깨끗해야 할 곳은 현관입니다. 두 번째는 청소입니다. 깨끗해야 좋은 기운이 집안에 돕니다. 세 번째는 정리정돈입니다. 집 안에 좋은 기의 순환이 잘되도록 하는 방법입니다. 네 번째는 살아 있는 기운을 공급하는 것입니다. 조화보다는 식물이 살아 있는 화분을 이용하고 너무 오래된 창틀이나 가구는 깨끗한 걸로 바꾸는 리모델링도 방법입니다. 리모델링은 남에게 과시하기 위해 비싼 물건을 이용하고 화려하게 꾸미는 것이 아닙니다. 집안에 살아 있는 기운이 돌아다니도록 바꾸는 것이 기본입니다.

주변 환경은 사람의 몸과 마음에 어떤 식으로든 영향을 미칩니다. 환경의 힘을 무시할 수 없습니다. 특히 사는 곳은 오랫동안 사람의 몸과 마음이 머무는 곳입니다. 머무르면서 인생의 길흉화복에 영향을 받습니다. 사람은 무조건 좋은 기운이 있는 장소에 머무르려고 노력해야 합니다. 집 안은 내가 만들면 명당이 됩니다.

해남 송지면 중앙식당

내비게이션에 해남 땅끝마을을 치고 가다보면 땅끝마을 못 가서 지나치는 큰 마을이 있습니다. 송지면사무소도 있고, 우체국, 농협도 있고, 송지초등학교도 있습니다. 버스 정류소 양지쪽 자리에는 나이 드신 아버님, 어머님들이 줄지어 앉아 계십니다. 도란도란 얘기를 하시면서도 버스 들어오는 방향을 일제히 바라보고 계십니다. 시골마을 어디에나 있을 법한 풍경입니다. 너무나 평범하기에 그냥 흘러 지나가도 알아채기 어려운 곳입니다. 그 평범한 마을 중앙에 '중앙식당'이라는 작은 간판 하나 걸려 있어서 처음엔 모르고 지나쳤습니다. 점심때가 되었고 목적지는 땅끝마을이었으나 자동차에 기름도 넣고 점심이나 해결해 볼까 하고 찾아 들어간 마을입니다. 관광지인 땅끝마을보다 평범한 이런 마을에서 밥을 먹는 것이 좋을 것 같았습니다. 주유소 직원에게 마을에서 맛있는 식당을 알려 달라 부탁했더니 살며시 귀에 대고 가르쳐 준 집이 중앙식당이었습니다.

작은 방 두 개가 전부인 식당이었습니다. 조금 큰 방은 식탁 두 개 놓으면 가득 찰 듯했고, 미닫이로 연결된 부엌방은 식탁 하나 놓을 자리밖에 없었습니다. 그나마 큰 방은 농협직원들이 농협장을 모시고 식사한다고 예약이 되어 있었습니다. 작은 방으로 들어가기 위해서는 부엌을 지나야 했습니다. 먹음직한 반찬이 즐비한 부엌을 지나 들어간 허름한 방에서 나는 천국의 음식을 맛보았습니다. 연포탕 한 그릇을 시켰을 뿐인데 정작 연포탕보다 접시 하나하나에 담겨진 반찬들에게 영혼을 빼앗겼습니다. 깔끔하고 특별하고 맛있고… 전라도의 맛깔스러움이 가득한 반찬들이었습니다. 모든 접시를 깨끗이 비웠고 굴 무침과 게장은 더 달라 해서 먹었습니다.

배불리 먹고 땅끝 전망대로 향하며 우리 사는 것도 이러지 않은

가 하는 생각을 했습니다. 우리나라 어디서나 볼 수 있는 작은 마을을 '땅끝'이라 부르며 특별한 의미를 부여해서 특별함으로 찾아가지만 그 특별한 시간은 잠깐입니다. 우리가 살아가고 있는 더 많은 시간들은 있는 듯 없는 듯 평범한 날들로 모아져서 우리의 인생을 이루는 것 같습니다. 그냥 지나쳐도 아무렇지 않은 시간들 속에서 중앙식당처럼 조금은 특별한 장소를 발견하는 작은 즐거움과 행복이 운명의 영토를 넓히는 방법이지 않을까 생각했습니다.

4장. VISION! 김희숙이 7가지로 답하다

2. 말이 답하다

심상사성(心想事成)

"이달에 카드빚 갚아야 하는데 해결이 되려나 좀 봐주세요?"

"몇 년째 같은 질문을 매달 하는 것 같아요."

"네. 매달 숨이 막혀 죽겠어요. 장사는 안 되고 카드빚에 일수 돈에 사는 게 사는 것이 아니에요. 여기저기 빌려 봐도 안 되네요."

"먼저 제가 그전부터 '빚 갚아야지, 빚 갚아야지.'라는 말을 하지 않았으면 좋겠다고 했잖아요. 우리 뇌는 '빚'이라는 단어가 좋은지 나쁜지 모른대요. 그저 그 사람 입에서 나온 말을 듣고 그대로 실현시키려 한다네요."

"빚을 갚아야 하니까 빚 갚아야지 그러는 거지, 그럼 뭐라고 해요."

"그렇죠. 우선은 그 말이 맞는 것 같아요. 그런데 몇 년째 같은 상황을 겪고 계신다면 이제는 빚에 쫓기는 생활을 바꿔봐야 되겠다는 생각도 해야죠."

"어떻게요?"

"제가 가슴에 새기고 다니는 말 중에 '심상사성(心想事成)'이라는 말이 있어요. '머릿속에 생각하고 마음먹은 일이 이루어진다.'입니다. 생각하지 않은 일은 절대로 이루어질 수 없대요. 머릿속에 생각한 일이 말이 되어 나와요. 말이 행동을 만들고요. 행동이 습관을 만들고 습관이 운명을 만드는 경우를 저는 상담을 하면서 많이 봐요. 우리 몸은 현실과 상상을 구별하지 못한대요. 그 사람이 생각하고 말하는 대로 살아가려 한다고 하네요."

"책이나 TV에서 그런 말들은 많이 듣죠. 그런데 당장 생활이 힘드니까 나도 모르게 나오는 말이죠."

"알아요. 그래도 이제는 빚에 끌려가는 생활을 끊어가야 되지 않을까요? 같은 생활이 계속 반복된다면 뭔가를 바꿔야 하지 않을까요? 바꿔야겠다면 돈 안 드는 생각과 말부터 바꾸면 어떨까요?"

"그럼 뭐라고 말해요?"

"말은 생각에서 나와요. 평소의 생각을 현실의 힘든 것만 하지 마시고 잠들기 전이나 아침에 잠에서 깨어나 잠깐씩 매일 반복적으로 상상을 해 보세요. 통장에 잔고가 찍혀 있는 상상이요. 그리고 앞으로 말을 '빚 갚아야 하는데.'가 입에서 나오려고 하면 침을 꿀꺽 삼키고 하지 마세요. 대신에 '올해는 통장에 얼마를 모아야 하는데.'로 바꿔 말해보세요."

"그렇게 하면 진짜로 나아질까요?"

"네. 태양을 바라보고 가면 자연히 응달은 사라져요. 제가 사람들을 대하는 직업이다 보니 사람들의 말을 듣는 것이 일이에요. 사주팔자를 간명하기 전에 말버릇과 음성을 들어보면 사람들의 삶을 알 수가 있어요. 어떤 사람의 좌우명이 '용서하자.'였어요. 제가 그 좌우명을 듣는 순간 절대로 그 좌우명을 사용하지 말라고 했어요."

"왜요? 좋은 말이잖아요. 학교 다닐 때 급훈 같네요."

"좋은 말이죠. 그런데 '용서하자.'라는 말이 성립이 되려면 '용서할 일'이 전제되어야 해요."

"그러네요."

"'용서하자.'라는 좌우명을 사용하는 그 사람은 자꾸 용서해야만 하는 일이 생기더라고요. 두 번의 이혼으로 가정이 편하지 않았어요."

"그렇구나. 무심히 좋은 말이라고 사용하는 말 중에도 그런 말들이 있었네요."

"네. 일본의 사토 도미노라는 사람이 그랬대요. 살면서 하지 말아야 할 말 세 가지로 '바쁘다', '힘들다', '죽겠다'를 쓰지 말라고 했대요."

"어머, 우리가 가장 많이 쓰는 말이잖아요?"

"네. 대부분의 사람들 입에서 나오는 말이죠. 그런데 '바쁘다, 바쁘다.' 하는 사람은 언제나 바빠서 정신이 없어요. '힘들다, 힘들다.' 하는 사람은 언제나 힘들고요. '죽겠다, 죽겠다.' 하는 사람은 죽을 일만 생겨요."

"그러네요. 그럼 뭐라고 말해요?"

"우리가 무슨 일에 '죄송합니다.' 그러죠? '죄송합니다.' 대신에 '고맙습니다.'를 많이 사용하래요. '죄송합니다.'를 자꾸 말하면 죄송해야 할 일이 생기니까요. 손님들이 '저는 돈에는 관심이 없습니다.'라는 말을 하면 제가 그런 말 하지 마라고 해요. '돈에 관심이 없다.'고 하면 정말 돈이 달아난다고요. TV에서 여자들이 험한 일을 당하는 뉴스를 보면 우리는 걱정을 하게 되죠. 저도 딸이 둘이나 있으니 자연히 그런 뉴스를 접하면 그런 걱정이 들어요. 사람이니까요. 그런데 그런 걱정이 들 때는 얼른 고개를 옆으로 흔들어요. 내 딸들에게는 그런 험한 일을 상상조차 하지 않으려 해요. 그러면서 말을 해요. '아니야. 우리 딸들은 괜찮아. 잘 살 거야.'라고 주문처럼 외워요. 그러면 저는 연습이 되어서인지 금방 그런 생각이 사라져요."

"저도 연습해 봐야겠네요."

"자식 일은 걱정하는 것이 아니라 기도하는 거래요. 그리고 저는 딸들과 손님들에게 '없다'라는 단어를 절대로 사용하지 말라고 해요."

"그래요? 없으니까 없다고 하는 것이잖아요."

"그렇죠. 그런데 무엇이든지 없다고 말하는 순간 정말로 없는 것이 돼요."

"그럼. 뭐라고 해요?"

"예를 들어 '운이 없네.'보다는 '일도 사랑도 순조로워.'라고 바꾸려고 노력하고요. '돈이 없어서 사고 싶은 것을 못 사네.'보다는 '지금 가진 돈이 조금 모자라니 다음에 사자.'라고 바꾸면 돼요."

"어려워요."

"네. 처음에는 어려워요. 저도 많은 시간을 연습해 왔어요. 제 운명을 바꿔야겠다는 절실함이 있었기 때문에 바꿀 수 있었어요. 지금도 노력하고 있고요. 돈 드는 일도 아니고 내 생각과 말만 바꿔도 운명이 바뀐다는데 까짓것 해보자며 생각하고 노력했어요. 지금은 말 한마디를 할 때마다 생각하고 뱉어요. 혹시 부정적인 말이 나올까 봐요."

"저도 해 봐야겠네요. 쉽지는 않겠어요."

"그럼요. 제가 해보니 말 습관을 바꾼다는 것은 자신을 바꾸는 것이더군요. 절대로 쉽지 않아요. 그러나 노력해 볼 가치는 있어요. 일단 A4를 곁에 두고 시간이 날 때마다 자신이 쓰고 있는 말들을 써보세요. 깜짝 놀라실 거예요. 그중에 절대로 쓰지 않겠다는 부정어를 정해서 의식적으로 쓰지 않는 연습을 해 보세요. 그러면서 바꿔 가면 돼요. 저의 경우는 쓰는 말을 바꾸려니 생각이 바뀔 수밖에 없더군요. 말 습관을 바꾸려고 언제나 생각하면서 말을 했더니 어느새 내 운명을 바꿔야겠다는 습관이 되었어요. 그러다 보니 다른 행동들도 바뀌더군요. 청소도 더 깨끗이 하게 되고 공부도 더 열심히 하게 되었어요.

내가 사용하는 말이 무섭다는 것을 느껴요. 지금은 제 귀가 부정적인 말을 바로 걸러내요. 사람들의 말에서 부정적인 언어를 바로 찾아내게 되었어요. 그래서 그런 말들이 귀에 거슬려요. 저의 말 습관을 바꾼 후유증이에요. 일어날지 안 일어날지 모르는 일로 걱정하고 불안해하지 마세요. 저는 그럴 때 '죽기밖에 더 하겠어?'라고 말하면서 아랫배에 힘을 줘요. 그러면 마음이 단단해져요. '좋은 일이면 일어나고 나쁜 일이면 일어나지 않는다.'고 생각하죠. 제 편할 대로요. 지금은 빚 때문에 힘들어하시지만 빚을 졌다고 하늘이 벌주진 않아요. 오히려 돈을 빌려 준 사람들이 빚을 진 사람들을 험담하고 욕하면 자신들에게 해로워요. 그 험담을 가장 먼저 듣는 사람은 자신이거든요. 말이란 그렇게 이상하고 무서워요."

높임말과 착한 사람

"제가 원래 냉정하고 단호하고 남을 무시 잘 하면서 살았습니다. 보통 대화를 하면 중간에 그 사람 말을 끊고 내 말만 했었습니다. 8년 전부터 삶을 바꿔봤습니다. 그동안 남에게 해로운 일은 안 하고 살았지만 이제부터 더 착하게 살아야겠다고 생각하고 말 습관부터 바꿨습니다. 그래서 누구에게나 높임말을 썼습니다. 직원들에게도 높임말을 쓰며 존중해 주려 노력을 했습니다. 주위 다른 업체 사장들이 아래 직원에게 높임말을 쓰는 걸 보고 많이 놀랄 정도였습니다.

그런데 내가 높임말을 쓰고 시간이 지나면서 직원들이 자꾸 배신을 합니다. 심지어 작은 일에도 소송을 하고 노동청에 고발을 합니다. 나중에는 혐의 없음이 밝혀지지만 제가 잘못 사는 것 같습니다. 그래서 8년 전처럼 강하고 독하게 살아볼까 하는데…."

나도 대부분 사람을 대할 때 높임말을 씁니다. 몇 년 전 일입니다. 연락이 와서 초등학교 동창과 저녁을 먹게 되었습니다. 나는 동창들에게 평소에 "야!" 자를 쓰지 않아서 습관처럼 약간 높임말을 사용했습니다. 30여 년 만에 만나기도 했고 많이 친하지 않았었고 이제는 어엿한 한 집안의 가장이면서 한 사업체를 이끄는 오너인 친구에게 '야, 자' 하기가 좀 그래서 존중의 의미로 놓지 않고 대화를 했습니다. 그런데 어느 순간부터 내 기분이 나빠지고 있었습니다. 내가 높임말을 사용하고 있으니 그 동창 친구는 내게 누이동생이나 여직원에게 대하는 듯한 행동을 하기 시작했습니다. 기분이 나빠져서 밥숟가락을 놓았습니다.

"야! 너! 내가 너를 존중해서 대하니까 내가 네 동생쯤으로 뵈냐? 아님 여직원처럼 아래로 뵈냐? 자식이! 정중히 대해주면 그런 줄 알아야지…." 한마디 해 주고 나왔습니다.

착하다는 것은 여리고 무능하다는 뜻으로 인식되는 세상입니다. 항상 웃고만 있으면 아무도 어려워하지 않습니다. 적당히 거절도 해야 자신의 가치가 올라갑니다. 쉽게 양보하면 삶이 어려워집니다. 자식 상담을 할 때 "내 아이는 착해요."라고 말하는 부모는 한 번 더 쳐다보게 됩니다. 부모에게 착한 자식은 그만큼 자신의 욕망을 억누르면서 자랐다는 뜻이기 때문입니다. 착한 아이, 착한 학생은 착한 성인이 되어 다른 사람들에게 이용당하기 쉽고 짓밟히기 쉬운 상태의 사람이 됩니다.

착한 것은 세상 사람들이 다 착할 때나 좋은 것이지, 이 세상이 모두 착하지 않기에 착함이 항상 좋은 것은 아닙니다. 오히려 좋은 운과 재물 운은 착하고 여린 사람에게는 안 옵니다. 강하고 독한 사람에게 옵니다. 이 세상은 한 번도 다 같이 착하게 흘러간 적이 없기에 착하게만 살려는 마음은 조금 버리는 것이 낫습니다. 자기 것을 챙길 줄 알라는 말이고 착하게 살지 말라는 말이지 남에게 해코지하라는 말은 아닙니다.

착함은 조금 버리고 강함으로 좋은 운명을 끌어 당겨보는 것은 어떨까요?

3. 습관이 답하다

조금씩

　아침에 일어나 이불 위에서 팔 돌리기를 합니다. 몸을 깨웁니다. 전기포트에 물을 끓입니다. 뜨거운 물 반 컵에 찬물 반을 부어 음양탕을 만듭니다. 홀짝홀짝 마시며 컴퓨터 앞으로 갑니다. 역학강의 한 시간을 듣습니다. 정신을 깨웁니다. 한 컵의 물이 건강을 지킵니다. 조금씩 지켜가는 나의 건강법입니다.

　조금씩 영어 회화 외우기를 해 오고 있습니다. 회화 문장을 일단 노트에 검정색 볼펜으로 모두 적습니다. 빨간색 볼펜으로 단어 하나하나를 찾아 적습니다. 발음기호를 보며 들리는 발음대로 단어 위에 적습니다. 숙어도 적고 유의어도 적습니다. 정리한 노트와 핸드폰을 들고 다니며 설거지를 하고 음식을 만들며 문장을 외우기 시작합니다. 외국인이 말하는 것을 수십 번씩 반복해 듣고 익힙니다. 문장이 입에 붙어 자연스럽게 나오려면 열 번이고 스무 번이고 계속 중얼거리며 익혀야 합니다. 조금씩 영어와 친숙해져 가고 있습니다.

　날마다 조금씩 들어 온 역학 강의가 내 안의 공부를 단단히 해 주는 것 같습니다. 우리나라에는 역학계의 훌륭한 선생님들이 정말 많습니다. 그분들의 소중한 강의를 집 안에서 편하게 들을 수 있으니 얼마나 감사한지 모릅니다. 조금씩이지만 오랫동안 듣다 보면 한 선생님의 많은 강의를 모두 들을 수 있습니다. 조금씩의 위력입니다.

난타를 배운 적이 있습니다. 북채를 쥐는 법부터 더듬더듬 따라가다 보니 어느새 조금씩 몸에 익혀지는 경험이 있었습니다. 난타를 치며 뭐가 뭔지 몰라서 답답한 날도 많았고 같은 장단을 반복하니 지겨울 때도 있었습니다. 저녁 퇴근 후 난타 연습실로 향할 때는 하루 종일 상담한 후 피곤함 때문에 그대로 집으로 가서 쉬고 싶은 유혹도 많았습니다. 그러나 꾸준히 다녔더니 어느새 머리가 아닌 몸으로 익혀져 갔습니다. 조금씩의 위대함을 느낀 경험이었습니다.

난타가 몸에 익는 시간 동안 낯설었던 동호회 사람들이 조금씩 조금씩 가까운 사람들로 다가왔습니다.

산에 오를 때는 씩씩하게 올라가는데 내려올 때는 지쳐 주저앉고 싶을 때가 많습니다. 그럴 때는 마음속으로 주문을 외웁니다. 한 걸음, 한 걸음 가다보면 내려갈 수 있습니다. 급하게 가지 말고 한 걸음만 더 걸어가자고, 조금씩 내려가자고 나를 독려합니다. 그러다 보면 어느덧 산 아래에 도착하게 됩니다.

하찮아 보이는 작은 일들이지만 살면서 조금씩의 위력은 곳곳에서 나타납니다. 거대한 운은 하루아침에 만들어지지 않습니다. 조금씩 조금씩이 모여 어느 순간 거대한 운을 몰고 옵니다. 성공한 사람들을 보며 우리는 혜성처럼 나타났다는 표현을 합니다. 그러나 그들의 성공을 들여다보면 끊임없는 조금씩의 연속이었음을 알 수 있습니다.

내가 좋아하는 베스트 작가 중에 파울로 코엘료가 있습니다.『연금술사』에서 그는 위대한 업적은 하루아침에 이루지는 것이 아니라고 말합니다. 미켈란젤로는 3년간의 혼신의 노력을 통해서 '다비드 상'을 조각했고, '천지창조'를 그리기 위해서 4년 6개월이라는 시간 동안 엄청난 고통을 겪으며 노력을 했다고 합니다. 나는 엄청난 무언가를 이루려는 것이 아닙니다. 언제나 부족함을 느끼기에 조금씩이라도 노력해 보는 것입니다. 어떤 일이든지 조금씩 천천히 그러나 꾸준히 하자고 노력합니다. '단번에 이루는 것은 없다.'가 내 생각입니다. 오늘도 천천히 조금씩 앞으로 나아가고 있습니다. 나의 인생은 조금씩의 연속입니다.

가끔은

가끔은 사무실에서 내가 앉는 자리의 맞은편 자리에 앉아 봅니다. 그 자리에서 내 자리를 바라봅니다. 내가 앉아 있는 자리의 앞과 뒤와 옆과 위가 한눈에 보입니다. 내게 상담하러 오는 사람들이 앉는 자리에서 맞은편 내 모습을 상상해 봅니다. 그분들의 눈에 나는 어떤 모습으로 보일까, 내가 하는 말은 어떻게 들릴까 상상해 봅니다. 상담하는 사람과 나 사이에는 겨우 작은 찻상 하나의 거리만 있습니다. 찻잔을 마주하고 얼굴을 맞대면 정말 가까운 거리입니다. 가끔 이렇게 맞은편에 앉아 보면 내가 어떻게 오시는 분들을 대해야 할지가 보입니다. 입장이 바뀌면 어떨까 생각하게 됩니다. 상담 하나하나가 소중해지고 다른 사람들의 삶을 존중해서 상담해야 한다는 생각을 하게 됩니다.

가끔은 내가 쓴 글들과 찍은 사진들을 다른 사람 입장에서 읽어보고 바라봅니다.

이름을 떠올리고 그 사람은 이 글을 어떻게 읽을까 상상해 봅니다. 또 다른 사람을 떠올리며 같은 방법으로 그 사람 입장이 되어 읽어봅니다. 나의 삶을 글로 쓰고 내가 본 것을 사진으로 찍어 보내면 받아보는 느낌은 어떨까 상상해 봅니다. 혹시 내용이 유치하다고 하지는 않을까. 공감은 했을까. 이런 연습을 하다 보면 글 한 줄 한 줄이 신중해집니다. 생각을 글로 쓴다는 것은 거짓이 들어갈 수가 없습니다. 거짓으로 글을 쓰면 어색하고 어디선가 티가 납니다.

가끔은 상담하는 책상 너머로 가서 내 자리를 바라봐야 합니다. 가끔은 내가 쓴 글을 읽어 줄 사람의 입장에서 읽어보아야 합니다. 그러면 더 조심스러워지고 더 신중해집니다. 가끔은 그렇게 하려고 노력합니다.

가볍게 살기

친구가 같이 점심 먹자고 들어섭니다. 이미 먹었다 하니 쪼르르 내려가서 컵라면을 사옵니다. 커피포트에 물을 끓여주고 손님이 가져다준 김치를 내어주니 맛있게 먹습니다. 뜨거운 커피믹스 한 잔까지 마신 후 표정은 더없이 만족스러워 보였습니다. 한 끼 식사를 컵라면과 김치만으로 행복해하면서 "몇만 원짜리 진수성찬이 안 부럽다." 합니다.

역학 쪽 공부하는 사람들 중 많은 분들이 입산수도를 하십니다. 산속에는 들어가지 않았지만 수련의 시간이 나에게도 2년이 있었습니다. 지하철과 연계된 지하도 길바닥에서 길거리 생활을 했었습니다. 사람들이 오가는 길바닥에서 휴대용 작은 상 1개, 낚시의자 2개, 방석, 만세력, 두툼한 연습장, 볼펜이 전부였습니다. 겨울엔 부탄가스를 끼워 쓸 수 있는 손난로 하나로 추위를 견디는 생활이었습니다. 그곳에서 봄, 여름, 가을, 겨울을 두 번씩 보냈습니다. 그렇게 최소한의 물품으로 상담하고 그곳의 수입으로 딸들과 생활을 이어 갔습니다. 지하도 바닥에서 난 프로가 되었고 공부를 어느 정도 이룰 수 있었습니다. 그때의 경험으로 지금도 낮고 작고 겸손하고 단순하게 살려고 노력합니다. 살아가는 데 많은 것이 필요하지 않았습니다.

여행을 떠나 보면 아주 적은 짐만으로 생활이 가능해집니다. 내 등에 짊어질 수 있는 무게의 물품만으로 며칠을 살다 보면 집 안의 물건들이 무거워 보일 때가 많습니다. 그래서 집 안에 가지고 있는 물건들을 정기적으로 버리고 비우려 노력합니다. 물건이 많다는 것은 관리할 것이 많다는 뜻입니다.

공부할 때는 사람관계가 적을수록 내 삶이 단순해지고 집중이 잘된다는 것을 느낍니다. 핸드폰 삭제 버튼을 자주 사용합니다. 문자도 남겨두지 않으며 잠깐 사용한 번호들은 정리합니다. 공부하는 사람은 오고 감이 많을수록 번잡해집니다. 명리학은 어려운 공부이기에 생활과 머릿속이 단순해야 공부에 집중할 수가 있습니다. 걱정이 조금만 있어도 집중이 안 되는 것이 공부입니다. 작은 걱정조차도 빨리 해결하거나 잊어버리려 합니다. 주변이 비워지고 마음이 비워지고 생각이 비워져야 세상의 이치를 탐구하는 학문이 머릿속으로 들어옵니다.

길거리 2년 생활에서 사람이 살아가는 데에는 진정 필요한 것들이 얼마 되지 않는다는 것을 알았습니다. 가볍게 사는 것이 내 생활을 불편하게 하는 것이 아니라 오히려 시간의 여유와 자유로운 해방감을 줍니다. 나는 지금 가볍게 살기 위해 노력 중입니다.

길을 묻는 인생에게

복 통장

상담하다 보면 사주팔자의 구조도 별로이고, 흘러가는 운도 별로인데 삶이 내려가지 않고 버티는 사람들이 있습니다. 어떻게 버틸까? 관찰을 해 왔습니다. 많은 이유가 있겠지만 그중에 사람마다 보이지 않는 복 통장을 가지고 있는 이유가 같습니다. 손님들의 말 속에 답이 있습니다.

"제가 한창 삼광사에 열심히 다녔습니다. 그때는 남편의 사업이 꽤 잘되었습니다."

"제가 모태 신앙입니다. 성당에 다닐 때는 집안이 편안했습니다. 요즘은 게으름을 피우고 잘 나가지 않아서인지 사는 것이 답답합니다."

"남에게 욕먹을 짓 안 하고 봉사활동도 꾸준히 하면서 살아왔습니다. 부자로는 살지 않아도 별 탈 없이 살아왔고 자식들도 그럭저럭 자리 잡고 살고 있습니다."

자본주의 사회에서는 사람들에게는 보이는 돈 통장의 액수가 무척 중요합니다. 돈 통장의 액수를 늘리려고 밤낮으로 뜁니다. 그러나 사업 자금 한다고, 투자한다고, 속임수에 빠져서 돈 통장의 1억, 5억, 10억이 한순간의 사인 하나로 날아가는 모습을 상담을 하면서 가끔 봅니다. 그럴 때는 돈 통장에 찍힌 숫자가 허상 같습니다. 나는 사람들에게 보이는 돈 통장의 액수도 중요하지만 보이지 않는 복 통장의 액수가 더 중요하다고 말합니다. 사람들이 말하는 '복 받을 …'이 복 통장의 실체를 나타냅니다.

그럼, 복 통장의 액수를 늘리는 방법은 뭐가 있을까? 내가 생각하고 보아온 방법에는 기도, 적선, 봉사, 공부 등이 있는 것 같습니다. 사람들이 흔하게 말하는 '복 받을 짓'들이 복 통장의 액수를 늘리는 방법들입니다. 예를 들어 '기도'를 봅시다. 집에서 혼자 기도해서 '1'이 쌓인다면 절이나 성당이나 교회나 교당에서 기도를 하면 사람들의 정성에 따라 70, 80, 100이 쌓입니다. 마일리지가 크니까 그런 신성한 곳에 가서 기도를 하는 것입니다. "복 없는 사람은 기도조차 안 한다."라는 옛말도 있습니다. 기도는 복 통장의 액수를 늘리는 첫 번째 방법입니다.

『요범사훈』이라는 책이 있습니다. 사람들의 행동에 따른 공과(功過)를 점수로 만들어 두었습니다. 예를 들어 다른 사람의 착한 일을 칭찬하는 것, 다른 사람의 악을 덮어 주는 것, 싸움을 그치도록 권하는 것, 다른 사람이 나쁜 일을 못 하도록 저지하는 것, 배고픈 것을 구제해 주는 것, 하룻밤 잠을 재워 주는 것, 추위를 구제해 주는 것, 남이 근심하는 것을 보고 잘 위로해 풀어주는 것 등은 1점짜리 공덕입니다.

뜻밖의 봉변을 당해도 화내지 않는 것, 남의 비방을 감당하면서 변명하지 않는 것, 귀에 거슬리는 말을 듣고도 화내지 않는 것, 마땅히 책망할 한 사람의 책임을 용서해 주는 것 등은 3점짜리입니다. 한 사람의 법정 소송을 그치도록 권하는 것, 한 사람에게 심성과 생명을 보호하고 유익하게 하는 일을 전해 주는 것, 약 처방이나 민간요법 등으로 한 사람의 가벼운 질병을 고쳐주는 것 등은 5점짜리입니다. 지극히 덕 있는 말을 하는 것, 부릴 수 있는 재력과 권세가 있는데도 그것을 부리지 않는 것 등은 10점짜리입니다. 비행을 저지른 한 사람을 교화하여 행실을 바꾸게 하는 것, 부부간에 이별, 이혼, 싸움, 파탄 등의 불화를 화해시키며 다시 살게 하는 것, 한 사람의 덕을 이루도록 도와주는 것 등은 30점짜리입니다. 좋은 말 한마디를 해서 그 이익이 백성에게 미치는 것 등은 50점짜리입니다. 한 사람 죽을 것을 구제해 주는 것 등은 100점짜리입니다.

　마음속에 은밀히 남을 해칠 악의를 품는 것, 한 번 약속을 어기는 것, 한 사람의 굶주림과 추위를 보고도 구제하지 않는 것, 남이 근심하고 놀라는 것을 보고도 위로하지 않는 것, 남에게 빌린 물건(빚)을 돌려주지 않는 것, 남이 흘린 물건을 돌려주지 않는 것 등은 -1점짜리입니다. 귀에 거슬리는 말을 듣고 화를 내는 것, 위아래의 질서를 어기는 것, 두 말로써 사람을 이간질 시키는 것, 무식한 사람을 속여 등쳐먹는 것, 남의 근심 걱정을 보고 마음속으로 쾌재를 부르는 것, 남이 부귀한 것을 보고 그가 망해 빈천해지기를 바라는 것, 일이 잘 풀리지 않을 때 하늘을 원망하거나 남의 탓을 하는 것, 자기 분수 외의 것을 탐하고 추구하는 것 등은 -3점짜리입니다. 험담하고 좋은 사이를 깨뜨리는 것, 병자가 구제해 줄 것을 청하는데도 구제해주지 않는 것, 종교의 정법과 경전을 험담하는 것 등은 -5점짜리입니다. 덕망 있는 사람을 배척하고 따돌리는 것, 어려운 사람을 능욕하거나 핍박하는 것 등은 -10점짜리입니다. 근거 없이 비방을 지어 한 사람을 모욕, 훼손하거나 함정에 빠뜨리는 것 등은 -30점짜리입니다. 한 쌍의 결혼을 파경에 이르게 하는 것, 백성에게 해를 끼칠 한마디의 말을 하는 것 등은 -50점짜리입니다. 한 사람을 죽게 만드는 것, 여자의 정절을 잃게 만드는 것 등은 -100점짜리입니다.

세상에는 남자와 여자가 살고 있습니다. 명리학에서는 남자를 '양(陽)'이라 하고, 여자를 '음(陰)'이라 합니다. '양'은 밖으로 발산하고 행동하고 사용하는 것을 뜻하고, '음'은 안으로 모으는 것을 뜻합니다. 남자는 '양'이라서 복 통장에 복을 쌓기가 쉽지 않습니다. 사용하기도 바쁩니다. 여자는 '음'으로 차곡차곡 쌓을 수 있습니다. 그래서인지 예로부터 어머니들이 정화수를 떠놓고 치성을 드렸습니다. 아버지가 치성을 드렸다는 말은 들어보지 못한 것 같습니다. 교회, 성당, 절, 교당에 가면 여자들이 많은 이유이기도 합니다. 여자들은 무의식으로 자신들이 복 통장에 복을 쌓기가 유리하다는 것을 아는 것입니다.

여자들이 쌓은 복 통장의 복은 누가 쓸까? 삶이 어려울 때나 운이 부족할 때 일단 여자 본인이 꺼내 씁니다. 그리고 남자가 갖다 씁니다. 남녀는 잠자리를 합니다. 직접적인 신체접촉을 하면서 운과 복을 나눕니다. 또 여자의 자식들이 빼다 씁니다. 자식은 여자의 몸 안에서 열 달 동안 탯줄로 이어져 있었기 때문에 연결고리가 있습니다. 영양분만 주는 것이 아니라 엄마의 복도 나누어 줍니다. 젊은 엄마들이 말합니다. "저희 시어머님이 절에 열심히 다니셔요. 저희들의 등도 달아주셨어요. 어머님이 알아서 기도해 주시는데요." "친정 엄마가 교회에 다니시는 전도사님이세요. 저희를 위해 기도해 주세요." 맞습니다. 윗대 어머니들이 열심히 쌓은 복을 그들의 자식들인 본인들이 그 복 통장에서 빼다 쓰니까 혜택이 큽니다. 그런데 시어머니나 친정 어머니의 복 통장은 손자 대에서 빼 쓰기가 쉽지 않습니다. 핏줄이라는 연결고리는 선이 얇습니다. 또 젊을 때 기도는 젊은 에너지 때문에 마일리지가 높습니다. 나이가 들수록 쌓이는 마일리지는 적습니다. 인체 에너지가 약해지니 기도발도 약한 것입니다. 나이 드신 부모들은 자신들을 위한 기도하기도 바쁩니다. 그렇다면 젊은 엄마들이 자신들의 복 통장의 잔고를 쌓아야 합니다. 기도하고 적선하고 봉사하고 공부하면서 복 받을 짓을 해야 합니다. 남자들은 자신의 복 통장에 잔고 늘리기가 쉽지 않고 여자의 복 통장의 잔고를 사용해야 하니까 집안의 여자를 잘 돌봐야 합니다. 자식까지 빼다 쓰는 복 통장을 지닌 여자를 현실의 돈 통장 다루듯이 소중히 대해야 합니다. 여자가 방긋방긋 웃고 지내도록 도와주며 아프면 얼른 치료를 시켜야 합니다. 명리학에서 남자에게 여자는 재(財)라고 부릅니다. 돈 그릇이라는 말입니다. 남자는 여자 그릇과 돈 그릇을 같은 그릇으로 사용합니다. 남자에게 여자는 곧 재물입니다. 그냥 같은 그릇에 담아 놓은 것이 아닙니다.

기문(氣門)

　'터널'이라는 영화를 보면 하정우가 무너진 터널 안에 갇힙니다. 처음에는 여유롭게 차 안에 있던 물과 케이크를 먹지만 구출 시간이 점점 길어질수록 마시는 물마저 없어지며 급기야 오줌까지 마실 생각을 합니다. 영화 속에서 보듯이 사람은 물이 없어도 며칠은 견뎌냅니다. 우리가 쓰는 말 중에 '기 막혀 죽는다.'는 말이 있습니다. 물은 없어도 몇 시간 동안 견디지만 기가 막히면 바로 죽습니다. 사람은 기가 몸 안으로 들어오고 나가면서 사는 것입니다. 우리 몸에는 기가 들락거리는 문이 있습니다. 보통 '혈 자리'라고 부릅니다. 기가 몸 안에서 돌아다니는 길을 '경락'이라고 부릅니다. 나는 손님들에게 '기가 다니는 문'이니 '기문(氣門)'이라고 부릅니다.

　우리가 사는 집을 살펴보면 현관문이 있고 베란다 문이 있고 안방 문이 있고 창문이 있습니다. 문의 크기가 다 다릅니다. 사람에게도 '기'가 들락거리는 문의 크기가 얼굴 생김새만큼이나 다릅니다. 사주팔자에서 사람들의 기문 크기를 알아볼 수 있습니다. 가끔 보통 사람보다 큰 기문을 가지고 살아가는 사람들을 만납니다. 쉽게 생각하면 기문이 큰 사람들은 '기'가 쉽게 드나들 수 있는 체질을 갖고 있다는 말입니다. 큰 기문을 가지고 있는 사람들은 정해진 사주팔자와 흐르는 운의 영향을 받는 것보다 기문의 영향을 우선으로 받을 때가 많습니다.

　우리가 집안의 대문을 열어놓고 살아도 되는데 엄마들은 문단속

하라고 시킵니다. 도둑이 들여다보기 때문입니다. 큰 기문을 가지고 있는 사람들은 보통의 사람들보다 기가 쉽게 들락거리는데 세상에 존재하는 기라는 에너지는 좋고 깨끗한 기운만 존재하지 않습니다. 문을 열어 놓으면 꼭 나쁜 기운들이 먼저 몸 안으로 들어오려고 합니다. 나쁜 기가 몸 안에 쌓이면 기는 에너지라서 나쁜 일을 끌어옵니다. 이유 없이 피곤하고, 구설이 일어나고, 부부 사이를 나쁘게 만들고, 정신적 불안을 일으키고, 몸 안으로 질병을 가져옵니다. 자신에게 나쁜 일이 자주 일어난다면 몸 안에 탁한 기가 쌓여 있을 가능성이 높습니다.

기문이 큰 사람들은 맑은 기가 몸 안으로 들어오기도 쉽습니다. 몸 안에 맑은 기가 쌓이면 같은 원리로 좋은 일도 빨리 끌어당겨집니다.

사람들은 살면서 몸 안에서 탁한 기는 내보내고 맑은 기를 쌓으려고 노력해야 합니다. 우선 음습하고 칙칙한 장소는 피해야 합니다, 그런 장소는 탁한 기가 모여 있을 가능성이 높습니다. 집 안도 깨끗하게 청소하고 물건을 쌓아두지 않아야 하는 이유이기도 합니다. 컨디션이 좋지 않을 때는 사람이 붐비는 장소에 덜 가는 방법도 있습니다.

탁한 기를 빼내고 맑은 기를 넣는 방법으로 종교의 도움이 큽니다. 불교든 천주교든 기독교든 원불교든 모두 맑은 기를 보충할 수 있는 곳입니다. 다만 모두 맑은 기들이 흐르는 종교이지만 가는 길이 조금씩 다를 뿐입니다.

사람들은 어느 종교든 기도를 합니다. 자신의 소원이 신에게 전달되기를 바라며 기도를 합니다. 기도를 할 때 무턱대고 아무 말이나 하지는 않습니다. 말로 하든 글로 쓰든 명확히 바라는 기도 내용이 존재합니다. 명확한 기도 내용은 기도하는 동안 우리의 뇌에 각인됩니다. 반복적으로 우리 몸에 각인 시키게 되고 우리 뇌의 자율신경을 거쳐 현실로 됩니다. 현대 과학을 통해 기도 습관의 효과가 과학적으로 증명되고 있습니다. 기도를 말로 하다 보면 마음이 달라지고 마음이 달라지니 행동이 달라지고 습관이 달라지고 운명이 달라지는 것입니다. 수천 년 동안 동서양에서 사람들이 기도를 해 온 이유는 분명히 있을 것입니다. 사주팔자에서 기문을 살핌으로써 종교와 기도의 필요성을 알게 됩니다.

　나는 거창하게 기도하지는 않습니다. 아침저녁으로 세수한 후 로션이나 영양크림을 바를 때 얼굴을 문지르며 주문을 외웁니다. 주문은 현실에 존재하듯이 합니다. 관상에서 이마는 하늘의 기운을 받는 곳입니다. 이마가 밝고 환하면 명예운이 좋습니다. 이마를 문지르면서는 '나는 명예복 있는 얼굴이다.'라고 중얼거리며 문지릅니다. 눈 아래 부분은 자식궁입니다. 역시 같은 방법으로 '내 자식들이 잘 풀리는 얼굴이다. 자식복 많은 얼굴이다.'라고 중얼거립니다. 눈가는 부부, 남녀궁, 코는 재물궁, 미간 아래는 질병궁, 눈썹 사이는 전택궁, 하관은 노복궁이니 '나는 손님복 많은 얼굴이다.'며 얼굴 마사지를 합니다. 얼굴 부분 부분을 정성껏 문지르며 주문을 외웁니다. 간단한 방법이지만 꾸준히 하기는 쉽지 않습니다. 내 얼굴은 복 많은 얼굴이 되었습니다.

생일

요즘은 아기가 태어나면 병원에서 아기수첩이라는 곳에 아기의 태어난 순간인 년, 월, 일, 시간을 정확히 적어줍니다. 평생을 가지고 다니는 주민등록증과 여권에도 태어난 순간을 새겨서 가지고 다닙니다. 외국 사람들도 자신의 태어난 연월일은 기억합니다. 우리는 사람이 태어난 날짜를 기억하려고 생일을 만들어 축하의 날로 삼습니다. 동서양을 막론하고 살아 있는 사람들은 자신의 태어난 날짜를 잊지 않습니다.

어느 곳이든 운명 상담을 하러 가면 태어난 연월일시부터 묻습니다. 나이가 10대든, 30대든, 50대든, 70대든 예외 없이 태어난 생년월일시를 묻습니다. 그럼, 사람에게 태어난 순간은 무언가 중요한 의미가 있지 않을까요. 중요하기에 아기수첩에 적어주고 주민증에 새기고 해년마다 챙기는 것이 아닐까요.

엄마 배 속에 있을 때는 엄마와 탯줄을 연결하여 산소와 영양분을 공급받다가 엄마와 분리되어 탯줄이 잘리는 순간 스스로의 호흡으로 세상과 만납니다. 그 스스로의 첫 호흡이 삶의 첫발을 내딛는 순간인 것입니다. 우주의 에너지를 자신의 몸 안에 처음으로 넣었습니다. 그 스스로의 첫 에너지가 인생의 씨앗이 됩니다. 그 첫 에너지인 씨앗 속에는 많은 것을 응집시켰습니다.

자신이 태어난 순간의 중요성 때문에 사람들은 매년 '생일'이라는 개념을 만들어 축하와 기원을 해 줍니다. 사주상담을 하면서 자신의 생일을 모르는 사람들과 생일 축하를 잘 하지 않는 사람들을 관찰해 보았습니다. 주위 사람들이 생일을 기억해 주고 축하 받은 사람들과 비교해보면 생일을 모르고 살아가거나 생일 축하를 못 받고 살아온 사람들의 삶이 선명하지 못한 경우가 많았습니다.

부모가 자식의 생일을 기억해 주고, 자신이 기억하고, 주변 사람들이 생일을 기억해 준다는 말이 그 사람의 탄생일만 기억해 주는 것이겠습니까? 그 기억해 주는 마음 안에는 염원과 기도와 축하가 들어 있기 마련입니다. 생일을 기억해 주고 축하해 준다는 것은 가장 강력한 기도법인 것입니다. 그 사람의 인생 씨앗에 거름과 물을 주고 그 사람을 위하는 마음인 것입니다. 그 마음들이 모이는 날이니 얼마나 좋은 기운이 발생하겠습니까. 돌잔치는 아기의 여린 씨앗에 많은 사람들의 좋은 기도를 받는 날입니다. 돌잔치에 가서 악담하는 사람이 있습니까? 하나같이 덕담을 해 줍니다. 아기가 많은 기도를 받는 것입니다. 아기의 부모는 아기를 위해 기도해 준 사람들에게 감사의 마음을 담아 음식을 대접하는 것입니다.

주변 사람들의 생일을 기억하고 축하해 줍시다. 비싼 선물이 아니어도 됩니다. 덕담 한마디를 건네는 순간은 일 년에 한 번이라도 생일인 자를 향한 기도의 마음이 들어가는 순간입니다. 생일축하는 '타인을 위한 기도'인 것입니다. 맘껏 축하의 덕이라도 쌓읍시다.

5. 먹는 것이 답하다

깨

　싱크대에서 마른 참깨를 꺼내서 바가지에 덜어냈습니다. 물로 씻으며 살살 일어줍니다. 가벼운 깨알맹이는 올라오고 상대적으로 무거운 돌들이 바가지 바닥에 가라앉습니다. 양이 많으면 조리질로 돌을 고르겠지만 적은 양이니 바가지로 일어주면 됩니다. 바가지에 물을 채워가며 일어주기를 여러 번 반복하면 깨끗한 깨들만 소쿠리에 남습니다.

　마른 깨를 씻을 때는 그릇 안의 표면이 밋밋한 것은 돌을 고르는데 적합하지 않습니다. 플라스틱 바가지가 제격입니다. 감사하게 바가지 안은 줄을 그어놓은 듯이 돌기를 만들어 놓았습니다.

　물기가 어느 정도 빠지면 깊이가 있는 프라이팬을 달궈 깨를 넣고 나무주걱으로 저어줍니다. 깨의 물기가 마르면서 프라이팬 안에서 탁탁 튀기 시작합니다. 고루 볶아지도록 20여 분 불 앞에서 저어주어야 합니다. 더운 여름엔 살짝 힘든 작업이지만 음식에 필요한 양념으로 써야 하니 더위와 수고로움을 감수해야 합니다.

　6월 말경부터 7월까지 깨꽃이 핍니다. 그냥 밭에서 자라는 작물이려니 지나치면 아무것도 아니지만 가까이서 깨꽃을 보면 하얀 꽃이 제법 예쁩니다. 밭에 씨를 뿌리고 어린 깨순이 올라오면 외할머니는 깨밭에서 언제나 풀을 메고 계셨습니다. 할머니가 집에 안 계실 땐 깨밭으로 가면 되었습니다. 어김없이 호미를 손에 들고 풀을 뽑고 계셨습니다.

꽃이 진 자리에 깨가 여물어 가면 스스로 터지기 전에 깻대를 베어주어야 합니다. 한 묶음씩 묶어 세워서 말립니다. 비가 오면 말라가는 깨가 비에 젖어 불기 때문에 비닐로 덮어줘야 합니다. 깻대가 마르면 마당에 파란색 포장을 펴서 깔아줍니다. 그 위에 잘 마른 깻대를 올려놓고 할머니는 방망이로 투닥투닥 치셨습니다. 포장 위로 마른 깨들이 후두둑 떨어집니다. 뙤약볕에 구부정하게 앉아 깻대를 투닥거리는 모습은 가을 날 마당가의 일상이었습니다. 할머니는 깨를 털고 나면 콩을 털었습니다. 덜 마른 깻대를 다시 말려서 투닥거려 줍니다. 포장 바닥에 허연 깨들과 깻대에서 떨어진 마른 잎들이 뒤섞여 있습니다. 다시 마른 잎들을 제거해 주어야 합니다. 할머니는 작은 키를 사용하셨습니다. 요리조리 키를 부치면 마른 잎들은 날려 떨어지고 키 안에 깨만 남습니다. 작은 깨 한 톨에 할머니의 수많은 손길과 담이 모아졌습니다.

그렇게 모아진 깨를 참기름으로 짜서 주시고 볶아서 양념하라고 한 되씩 담아주셨습니다. 냉동실에 넣어두고 냉동실 문을 열 때마다 왠지 모를 든든함이 있었습니다. 필요할 때마다 조금씩 볶아 양념으로 썼습니다. 할머니의 수많은 손길이 간 수고로움을 알기에 깨 양념을 사용할 때는 그릇에 묻어 한 톨이라도 버려질까 봐 다 만들어진 음식 위에 고명처럼 뿌렸습니다. 먹으면서도 살살 묻혀 먹으면 그릇에 묻혀 버려지지 않고 먹을 수 있습니다.

할머니는 땅에 떨어진 깨 한 톨 한 톨을 거친 손으로 주워 담으셨습니다. 그렇게 모아진 깨들이 고소함으로 나의 식탁에 오르는 것입니다. 눈앞에 보이지 않는 수고로움이라고 함부로 할 수가 없습니다. 이제는 할머니의 깨는 먹을 수 없지만 지금도 누군가의 같은 땀과 손길이 들어간 음식입니다. 깨를 키워 내는 방식은 변함이 없습니다. 음식 안에서 양념으로 쓰이는 작은 깨들을 사람들은 음식을 먹으며 신경도 쓰지 않습니다. 한 가지 음식을 만들기 위해 많은 재료들이 들어갑니다. 깨뿐이겠습니까. 재료 하나하나는 그렇게 많은 사람들의 땀과 손길이 합쳐져서 음식이 되어 입으로 들어오는 것입니다.

밥상

시골에서 가져온 가지를 썰어 찜 솥에 쪄서 진간장, 참기름, 깨소금 넣고 무쳐 놓습니다. 호박은 반으로 잘라 속에 씨를 긁어내고 납작하게 썰어 놓습니다. 새우젓, 마늘 찧은 것 조금, 매운 고추 두 개 송송 썰어 넣고 참기름 조금 두르고 익혀줍니다. 통깨를 솔솔 뿌려 마무리. 멸치와 다시마를 넣어 끓인 육수에 무와 생 오징어를 넣어 오징어 뭇국을 끓입니다. 단백질 공급을 위해 계란에 소금 살짝 뿌려 한 개를 굽습니다. 식탁 위에 모두 차려 놓고 완두콩을 넣어 지은 밥을 반 공기 담아 몇 숟가락 먹는데 문득 '순한 밥상'이라는 생각이 듭니다.

'삼시세끼'라는 프로그램이 있습니다. 처음부터 끝까지 챙겨보는 열혈 시청자입니다. 어촌편의 어느 방송분이었던 것 같습니다. 닭이 낳은 달걀도 없고, 통발에 잡힌 고기도 없어서 누룽지와 전날 밤 먹었던 시래깃국 한 사발, 감자볶음, 겉절이가 전부인 양은 밥상에 둘러 앉아 출연자들이 맛있게 먹는 모습이 따뜻해 보였습니다. '참! 먹고 사는 것 별것 아닌데.'라는 생각이 들게 하는 장면이었습니다. 삼시세끼의 밥상은 도시인들에게 '힐링의 밥상'을 선물해 줍니다.

의처증이 심하셨던 아버지는 밥상을 자주 던지곤 하셨습니다. 나무로 만들어진 밥상은 시도 때도 없이 부서졌습니다. 나무 밥상이 몇 개나 부서졌는지 셀 수 없을 때 어머니는 아버지가 밀다고 아예 던져도 부서지지 않는 양은 밥상을 사오셨습니다. 밥 먹다가도 언제 밥상이 날아갈지 모르니 우리는 밥알을 씹고 삼킬 사이도 없이 밥을 먹곤 했습니다. 그 모진 아버지의 매질 속에서도 나의 어머니는 언제나 정갈한 밥상을 준비해 주셨습니다.

짠 음식을 못 먹던 나를 위해 꼭 싱거운 반찬을 매번 따로 만들어 주셨습니다. 같은 음식을 두 끼 이상 안 먹던 나를 위해 매 끼마다 새 반찬을 만들어 주셨습니다. 내게 밥상은 곧 어머니였습니다. 어릴 적 어머니의 정성 때문에 지금까지 내가 생명 유지를 하고 있다고 생각합니다. 결혼 후 내가 음식을 만들면서 자식들을 위해 준비해 주시던 '어머니의 밥상'이 떠오릅니다.

이제는 내가 아침마다 딸들을 위해 밥을 짓고 반찬을 만듭니다. 개운한 국물을 좋아하는 큰딸과 야채 반찬을 잘 안 먹는 둘째딸의 식성을 고려해서 음식 메뉴를 정합니다. 30년 동안 밥상을 차리며 음식을 만드는 일이 지겹거나 싫지가 않았습니다. 내가 내 손으로 음식을 만들 수 있어서 좋았습니다. 음식 만들기를 즐겼습니다. 그 음식을 맛있게 먹어 줄 가족이 있다는 사실이 행복합니다. 내가 차려낸 밥상은 '자식을 위한 밥상'입니다

혼자 밥을 먹다 문득 떠오른 '밥상'이라는 단어 하나가 두서없는 생각의 꼬리를 물게 했습니다. 오늘도 난 행복한 마음으로 시작합니다.

선재 스님과 미즈노 남보쿠

"찾아간 병원에서 간경화라는 진단을 받았습니다. 1년을 넘기기 힘들다는 의사의 선고를 받고 돌아온 날, 밤이 깊도록 방에서 꼼작도 하지 않았습니다. 막막했습니다. 의사가 나에게 선고한 시간은 1년이었습니다. 그 시간 동안 무엇을 할 수 있을까. 나는 내 몸을 실험 대상으로 삼기로 했습니다. 모든 병은 음식으로 치료한다고 했습니다. 음식이 곧 약이라고 했습니다. 여기서 약이 되는 음식은 자연 그대로의 음식, 제철 음식, 때에 맞는 음식, 깨끗한 음식 등입니다. 나는 오직 음식과 일상의 습관을 바꿔보기로 했습니다. 오랫동안 과로와 스트레스, 불규칙한 식사, 수면 부족, 가공식품 섭취로 인해 병이 생겼다면, 그 반대로 생활하면 원래의 몸으로 돌아갈 것이라 생각했습니다. 몸이 알아서 스스로 균형을 찾으리라 믿었던 것입니다.

모든 가공식품을 끊었습니다. 건강하지 못한 몸에 무리를 주는 음식도

먹지 않았습니다. 간장과 된장, 고추장을 직접 담가 먹었습니다. 아침은 가볍고 맑게, 점심은 든든하게 먹되 나물을 들기름에 찍어 먹기도 했습니다. 저녁은 아침보다 많게, 점심보다는 적게 먹었고 밤에는 아무것도 먹지 않았습니다. 간장과 된장 등의 장류와 김치를 먹었고 제철에 난 재료로 만든 음식을 먹었습니다. 인스턴트식품은 사탕 한 알도 먹지 않았습니다. 자연식이 아닌 것은 철저히 가렸습니다. 한 번쯤이야, 한 모금쯤이야, 한 끼쯤이야, 이런 생각은 단 한 번도 하지 않았습니다. 며칠이 흐른 뒤 나는 점점 몸이 가벼워짐을 느꼈습니다. 몸에 나쁜 음식을 먹지 않는 것만으로 말이지요. 나의 두 번째 삶은 그렇게 시작되었습니다.

- 선재 스님, 『당신은 무엇을 먹고 사십니까』

"일본의 대사상가이자 운명학자인 미즈노 남보쿠는 어려서 부모를 잃고 대장장이를 하던 아버지 밑에서 키워졌습니다. 10세 때부터 술을 배우고, 도박을 일삼으며, 하루가 멀다 하고 싸움을 일으키다가 결국 18세 되던 해에 유흥비를 위해 도둑질해서 감옥에 가게 되었습니다. 반년 동안 감옥에 있으면서 남보쿠는 밖에서 보아왔던 사람들과 감옥에 들어오는 사람들이 꽤 많이 다르다는 사실을 발견하였습니다. 감옥에서 죄인들을 관찰하던 남보쿠는 감옥에서 나오자마자 자기의 인생이 궁금해서 관상가를 찾아갔습니다.

"1년 안에 칼에 맞아 죽을 상(相)이니, 이 길로 속히 절에 가서 출가하기를 청하시오." 이 말을 들은 남보쿠는 그 길로 가까운 절에 가서 출가를 청했으나, 절의 주지스님은 "스님이 되는 것은 아주 힘든 일이오, 앞으로 1년 동안 보리와 흰 콩으로만 식사를 하고 다시 돌아오면 그때 받아주겠소."라며 거절했습니다.

남보쿠는 바닷가에서 짐꾼으로 힘들게 일하면서도 살기 위해 보리와 흰 콩만을 먹고, 술도 끊고 버티었습니다. 어울리는 무리들이 난폭하여 종종 싸움이 일어났지만, 작은 상처만 입을 뿐 생명에는 지장이 없었습니다. 1년을 무사히 넘기고 출가하기 위해 절을 향하던 그는 자신의 죽음을 예언했던 관상가에게 찾아갔습니다. 남보쿠를 알아본 관상가는 크게 놀라며 물었습니다.

"완전히 상(相)이 바뀌었군요. 어디서 큰 덕을 쌓았소? 아니면 사람의 목숨을 구했소?"

"생명을 구한 일은 없지만, 스님의 말씀 따라 보리와 흰 콩만 먹고 1년을 살았습니다."

"식사를 절제한 것이 큰 음덕을 쌓았구려. 그것이 당신을 구했소."

남보쿠는 노년에 거대한 저택에 큰 창고만 7동이 되었으나, 쌀은 물론 쌀로 만든 떡도 먹지 않았다고 한다. 3천 명이 넘는 제자들이 따랐고, 일본 조정에서 대일본이라는 파격적인 칭호까지 받았던 그는 단 한 번의 실수도 없이 운명을 맞췄다고 한다. 음식으로 운명을 개척한 대표적인 사람이다."   – 미즈노 남보쿠, 『절제의 성공학』

명리학에는 오행별 음식과 맛이 있습니다.
목(木)의 음식은 신맛이 나는 음식입니다. 색깔은 초록의 음식입니다. 우리 몸의 오장 육부 중 간, 담에 영향을 줍니다.

4강. VISION! 김희숙이 7가지로 답하다

화(火)의 음식은 쓴맛이 나는 음식입니다. 색깔은 붉은 색이 납니다. 심장과 소장은 화의 음식의 영향을 받습니다.

토(土)의 음식은 단맛이 나는 음식입니다. 노란색은 토의 음식입니다, 비장, 위장이 약하면 토의 음식으로 보완합니다.

금(金)의 음식은 매운맛이 나는 음식입니다. 흰색의 음식은 금의 음식입니다, 폐, 대장에 영향을 주는 음식은 금의 음식입니다.

수(水)의 음식은 짠맛이 나는 음식입니다, 검정색은 수의 음식입니다. 신장, 방광을 튼튼하게 하는 음식은 수의 음식입니다.

각 오행별 음식은 넘치면 병을 부르기도 하고 모자라면 치료에 쓰이기도 합니다. 먹는 것이 곧 병을 만들기도, 치료하기도 합니다. 먹는 것이 기질을 만들고 성품을 만들기도 합니다. 먹는 것이 우리의 운명에 영향을 미칩니다. 먹는 것만 잘해도 운명은 개선됩니다.

6. 책과 글쓰기가 답하다

위로를 주고 싶었습니다

"세상에서 나만 낙오된 느낌입니다."

"지금 어디 계세요?"

"모텔 방입니다."

"식사는 하셨어요?"

"아니요. 밥이 안 넘어갑니다."

"잠은 잤어요?"

"평소에 꿈을 꾸지 않는데 이곳에서 자면서부터 가위 눌리곤 합니다."

"언제까지 그곳에 계실 거예요?"

"모르겠어요. 부도 관련 일이 끝나야겠지요."

"엉뚱한 생각 하시면 안 되는 거 알죠?"

"네. 선생님 때문이라도 무슨 짓 못 하겠어요."

"맞아요. 탁 죽어버리면 차라리 깨끗하죠. 그런데 자살 시도해 봐야 소용없어요. 죽을 운이 아니시거든요. 괜히 몸만 상해요. 그럼 손해잖아요."

4장. VISION! 김희숙이 7가지로 답하다

263

"저는 죽을 복도 없나 보네요."

"네. 아직 죽을 운이 없네요. 죽으려고 시도하셔도 죽을 수가 없어요. 죽음으로는 지금의 상황을 도망갈 수가 없으세요. 삶을 피할 수 없으니 삶에 정면으로 맞서는 수밖에 없으세요. 결국 힘내서 살아내는 방법밖에 없어요."

"네. 알겠습니다. 죽을 운도 없다 하시니 살 궁리를 찾아야겠네요."

"일단 나가서 밥부터 드세요. 그리고 그냥 좀 걸어보세요. 한 시간이고 두 시간이고 많이 걷는 것이 좋은 운을 당겨 온대요. 앞으로 며칠은 아무것도 하지 말고 밥 먹고 걷는 일만 해 보세요."

전화를 끊고 내가 도와줄 수 있는 일이 뭐가 있을까 생각했었습니다. 세상에서 뚝 떨어져 혼자밖에 없다는 사람에게, 하던 일을 실패해서 기운이 떨어진 사람에게, 현재 삶의 짐이 무거운 사람에게 다른 사람들도 여러 고민을 하면서 산다는 걸 알려주고 싶었습니다.

몇 년 전부터 사무실에서 상담한 내용과 나의 일상과 여행과 사진을 보내기 시작했습니다. 밴드에 올려 공유하기도 했습니다. 상담 실례를 적어 보내는 이유는 멀쩡해 보여도 다른 사람들도 저마다 고통과 아픔이 있다는 것을 알려주고 싶었기 때문입니다. 내 짐만 무겁지 않다는 것을 알려주고, 상담했던 손님들을 위한 기도의 마음을 담아 썼습니다.

나의 일상을 시시콜콜 적어 보내는 이유는 언제나 내가 그들의 곁에 있으니 '당신은 혼자가 아니다.'라는 느낌을 주기 위해서였습니다. 나의 일상을 공유하면서 잘 모르던 사람도 그 사람에 대해 알게 되면 가까운 사람이 된다는 것을 알려주고 싶었습니다. 내 얘기를 먼저 꺼내야 상대도 마음을 열기 때문입니다.

여행 기록과 사진을 찍어 같이 보내는 이유는 힘든 일상에서 잠깐이나마 힐링이 되길 바라는 마음이었습니다.

SNS로 글과 사진을 보낼 때는 한 사람 한 사람의 이름을 보며 얼굴을 떠올립니다. 이름을 보며 기도하는 마음과 함께 글을 보냅니다. 일일이 글을 보내는 시간이 제법 걸리지만 작은 도움이라도 된다면 내 시간을 기꺼이 쓰리라 생각했습니다. 벌써 5년째 일주일에 한두 번씩 글쓰기를 하고 있으며 상담 중 힘든 상황에 놓인 사람들과 지인들이 내가 쓴 글들을 공유하고 있습니다.

"글을 읽으며 나만 힘든 것 아니구나, 사는 것 별거 아니구나 싶은 생각이 듭니다."

"집에서 손주 돌보며 지내는 노인에게 선생님의 글과 사진들은 작은 즐거움이 됩니다."

"글을 읽으면 저의 생활도 돌아보게 되었습니다."

"저도 드디어 선생님 글을 받으니 선생님의 패밀리가 되었네요."

내 글을 받고 짧게 때로는 자신들의 일상과 고민을 길게 답글로 보내오기도 합니다. 나에게 글쓰기는 삶이 힘든 사람들에게 기도하는 마음입니다. 앞으로도 기도의 글쓰기는 계속할 예정입니다.

나의 책 읽기

상담을 하다 보면 사람 사는 일이 거기서 거기라는 생각이 듭니다. 상담 내용이 일, 돈, 사랑, 자식, 부모, 건강, 명예 등에서 크게 벗어나지 않습니다. 상담하는 사람은 한 사람 한 사람의 사연이 있고 고민이 있지만 매일 같은 자리에 앉아서 상담해 주는 말은 똑같을 때가 많습니다. 사람과 상황만 다를 뿐입니다. 비슷한 상담 내용이더라도 사람이 다르기 때문에 그 사람에 맞는 어휘와 그 사람에 맞는 예를 들어주고 싶을 때가 있습니다. 그런데 우리가 평소에 사용하는 단어는 한계가 있습니다. 쓰는 단어만 계속 사용하는 것 같습니다. 사람은 다른데 같은 단어로 상담하는 것이 왠지 미안해지기도 합니다.

그래서 틈틈이 에세이와 소설을 읽습니다. 새로운 어휘력을 높이는 방법으로 에세이나 소설을 읽는 것이 도움이 됩니다. 에세이나 소설을 읽고 난 후 상담은 평소에 사용하지 않는 고급단어들을 사용할 수 있어서 스스로도 즐겁습니다. 나의 책 읽기는 풍부한 어휘력을 바탕으로 사람들에게 위로와 위안을 주기 위한 '소통의 책 읽기'입니다.

상담하는 사람의 직업과 층이 다양합니다. 국회의원, 교수, 의사, 변호사, 카지노딜러, 평사원, 가정주부, 학생까지 직업도 다양합니다. 사람들의 삶을 연구하는 명리학이라는 학문을 통해 인생 상담을 하지만 정확한 소통을 하기 위해서는 각 분야의 지식이 있어야 합니다. 전문지식까지는 아니더라도 대화가 가능한 수준의 세상이 흘러가는 흐름과 각 분야의 흥망성쇠를 알아야 명리학을 접목하여 제대로 된 조언을 할 수 있습니다.

그래서 공부를 해야 합니다. 명리학 공부뿐 아니라 신문도 읽고 직업마다 그 분야의 책도 읽어야 합니다. 세상의 흐름을 놓치지 않기 위해 미래관련 서적을 꾸준히 읽어야 합니다. 성공한 분들의 성공 스토리도 알아야 상담하면서 힘 빠져 있는 사람들에게 용기를 전해 주기도 합니다. 나의 책 읽기는 그래서 '공부의 책 읽기'입니다.

장사 개업을 하고 잠시 반짝 장사가 잘되더니 주춤해지는 사장님에게 사업 아이디어를 얻기 위한 최인규의 『무일푼 노숙자 100억 CEO되다』를 권해 줍니다. 큰 사고로 트라우마를 겪는 사람에게는 권선복의 『행복 에너지』와 페이융의 『평생 걱정 없이 사는 법』, 『초조하지 않게 사는 법』이란 책을, 이혼을 앞두고 홀로서기를 두려워하는 사람들에게는 플로렌즈 포크의 『미술관에는 왜 혼자인 여자가 많을까』를, 평소에 잔걱정을 끼고 사는 사람들에게는 코이케 류노스케의 『생각 버리기 연습』을, 결혼을 못 해 초조해하는 미혼에게는 론다 번의 『SECRET』을, 현실의 삶 속에서 답답해하는 사람들에게는 이지성의 『꿈꾸는 다락방』을, 직장생활에 지친 사람들에게는 기시미 이치로, 고가 후미타케의 『미움 받을 용기』와 혜민스님의 『멈춰야 비로소 보이는 것들』을, 문제 해결을 해야 하는데 조언이 필요한 사람들에게는 조우성 변호사의 『이제는 이기는 게임을 하고 싶다』, 임신한 예비 엄마에게는 법륜스님의 『엄마의 수업』과 결혼을 앞둔 사람들에게는 『스님의 주례사』를 권해 줍니다. 상담하면서 짧은 시간 안에 다 하지 못한 말들은 한 권의 책을 권해줌으로써 마무리를 짓곤 합니다.

나의 책 권하기 목록에는 다양한 책들이 있습니다. 상담 후 그때그때 그 사람에게 적절한 책을 권해주는 즐거움도 있습니다. 나의 책 읽기는 '권해주는 책 읽기'입니다.

어릴 적, 누렇게 색 바랜 책들이 집 안에 있었습니다. 그중에서 『삼국지』라는 책이 있었습니다. 초등학교 때 처음으로 그 책을 읽어 보기 시작했습니다. 세로로 된 글씨를 읽어 내려가면 책 속에서 유비와 관우, 장비, 조조, 제갈공명 등의 인물들이 움직였습니다. 적벽대전을 읽을 때는 밤을 새웠습니다. 어릴 적 나의 첫 책 읽기는 삼국지였습니다.

『상록수』를 읽으며 농촌 계몽과 젊은 사람들의 사랑 얘기가 어린 마음을 설레게 했습니다. 아버지는 책 읽기에 너무 빠져 있는 나에게 책을 못 읽게 하려고 하셨습니다. 아버지 몰래 이불 밑에서 읽던 책 읽기를 지금도 잊지 못합니다.

어느 초여름 아침. 농사일 준비에 바쁜 부모님을 대신하여 막걸리를 사러 시장에 심부름 갔습니다. 이른 아침이라 사람이 드문 골목에 한 남자가 평상에 앉아 있었습니다. 그 남자는 나를 보더니 불렀습니다. 처음 본 사람이라 겁이 났지만 부르니까 곁으로 갔습니다. 갑자기 책 한 권을 내밀며 꼭 읽어보라 했습니다. 어린이용 『케네디 전기』라고 쓰여 있었습니다. 초등학교 때의 일이라 어렴풋하지만 특별한 사건이라 아직도 기억에 남아 있습니다. 누군가에게 책 선물을 처음 받았기 때문입니다. 살면서 한순간도 책을 손에서 놓지는 않고 살았던 것 같습니다. 머리맡에 읽어야 할 책이 쌓여 있으면 통장에 잔고가 많을 때보다 마음이 즐겁고 든든했습니다. 부자가 된 기분이었습니다. 책을 읽으며 간접 체험을 하고 공부를 하고 지식을 얻고 위로를 받고 꿈을 꾸었습니다. 나의 책 읽기는 '즐거움의 책 읽기'입니다.

4장. VISION! 김희숙이 7가지로 답하다

7. 지금 여기서 내가 답하다

자살하려고 했습니다

"지난번에 찾아왔을 때는 자살하려고 준비를 다 했었습니다. 주머니에 수면제를 모아두었고 어디서 죽을 것인가도 생각해 두었었습니다. 길가를 지나는데 우연히 철학관 간판이 보였습니다. 죽기 전에 한 번만 물어보자고 들어온 곳이 이곳이었습니다."

"그랬군요. 몰랐습니다. 오늘 나를 다시 만난 것을 보니 죽지 않기로 했나 봅니다."

"네. 선생님의 '터널 끝에 서 있네요.'라는 말 한마디에 갑자기 힘이 났습니다."

"제가 그랬나요?"

"선생님의 출근길을 예로 들어주시더군요. 집에서 이곳까지 출근하는데 만덕터널을 지난다고 했습니다. 집에서 출발할 때는 오르막을 올라오고, 만덕 사거리 큰길을 지나고, 어두운 만덕터널을 지나면 미남로터리 큰 대로가 나온다며 사람의 인생길이 출근길과 같다고 하셨습니다. 제 인생이 지금 만덕터널 끝을 통과 중이라 했습니다. 이제 밝은 길로 나설 것이라 했습니다. 밝은 곳으로 나가기 전 가장 어두운 구간이라며 어두울수록 터널 끝이 다 되어 간다 했습니다."

길을 묻는 인생에게

"다행입니다. 저는 그런 사정이 있는 줄도 모르고 사주팔자와 운만 보고 말했을 텐데 얼마나 다행인지 모르겠네요."

"터널 끝에 서 있으니 조금만 참으면 된다 하시며 다른 말도 하셨습니다."

"어떤 말을 했을까요?"

"선생님께서 지하도 길바닥 생활을 이야기해 주셨습니다."

"그래요?"

"저에게 선생님께서 살아오면서 겪은 힘든 일들을 하나씩 배틀게임 하자며 어렸을 때 아버지에게 맞으며 자란 이야기, 이혼 이야기, 암 수술 이야기, 파산 이야기 등을 하시는데 제가 그때 겪고 있는 고통들이 갑자기 가벼워졌습니다. 심지어 길바닥 생활 이야기를 하실 때는 부끄러워지더군요. 저렇게 사는 사람도 있었구나 싶었습니다."

"제가 불쌍해 보였겠네요."

"아닙니다. 그날 선생님의 모습은 밝고 행복해 보여서 전혀 불쌍하다는 생각은 안 들었습니다. 오히려 지하도 길바닥에서 미래의 걱정은 접어두고 지금 할 수 있는 일만 하자며 지내셨다는 얘기를 듣고 저도 그렇게 해 보자 생각하며 돌아갔습니다. 나도 나중에는 선생님처럼 웃을 수 있겠구나 싶어졌습니다."

"고맙네요. 그렇게 생각해 주었다니. 맞아요. 길바닥에 내려갔을 때는 오히려 마음이 편안해졌습니다. 현실적 고통은 말로 표현이 안되었지만 이제 올라갈 일만 남았구나 싶으니 오히려 힘이 났습니다. 그 당시 제가 할 수 있는 일들이 별로 없더라고요. 그래서 지금 내가 할 수 있는 일만 하자고 결심했었죠. 밥을 먹을 수 있으면 밥을 먹고 잠을 잘 수 있으면 어떻게든 자려고 노력하고 웃을 수 있으면 억지로라도 웃을 일을 만들어 웃었습니다. 그러면 '시간은 지나가겠지.'라는 믿음을 가지고 버텼습니다. 그랬더니 거짓말처럼 이렇게 웃으며 행복하게 지냅니다."

"저도 그날 이후로 미리 걱정하기보다는 그냥 지금 내가 할 수 있는 일만 하면서 살자, 나머지는 하늘이 알아서 하겠지 생각하기로 했습니다. '죽으려고 준비해 봤으니 죽기밖에 더 하겠어 나중에 하다 안 되면 죽으면 되지.'라는 생각으로 살기로 했습니다."

"그래요. 사람의 운명은 허술하게 짜여 있지 않아요. 어딘가에 터널 끝을 마련해 두고 있죠. 깜깜한 터널 안에 있는 것 같아도 터널 끝은 반드시 존재합니다. 우리는 묵묵히 터널을 걸어가면 되는 것 같아요. 힘내서 삽시다."

봄날 하루

(눈) 아침 6시 부산 출발.
길 옆 샛노란 개나리꽃이 떠나는 길에 무리지어 도열하고,
노란색, 브라운색 산수유가 점점이 나뭇가지에 붙어 있고
야트막한 밭에 줄지어 선 분홍색, 하얀색의 매화.
축축 늘어진 능수버들에 연두색이 올라오고
도로 절개지에 노란색, 연두색 유채꽃.

초록의 보리밭

그리고 하얀 등불을 나무에 가득 켜 놓은 목련

봄날은 연한 물감을 세상에 풀기 시작했습니다.

휴게소 재첩국 한 그릇에 따뜻한 커피가 아침의 행복을 줍니다.

(손) 무작정 모르는 길로 접어들었습니다.

구불구불 농로 따라 끝에 다다르니 집이 다섯 채인 마을.

보리밭가에서 풀 매고 계신 할머니를 만났습니다.

냉이를 좀 캐도 되겠느냐 물으니 얼마든지 캐 가라 하십니다.

텅 빈 밭에서 냉이를 캤습니다.

할머니께서 자신의 보리밭에서 냉이와 여린 보리 순들을 챙겨다 주셨습니다.

"된장국을 끓여서 먹어봐요. 서울 사는 딸이 생각나네. 봄동도 가져가요. 겉절이 해 먹으면 맛있어요."

꽃이 올라오기 시작한 봄동의 야들거림이 단맛을 떠올리게 합니다.

보리밭 매는 할머니 곁에서 쑥을 캐고 노란 꽃대를 올리기 시작한 민들레 잎사귀도 잘랐습니다.

(귀) 나른해지는 봄날 오후 잠깐 낮잠도 잤습니다.

뒹굴거리며 책을 읽었습니다. 책에는 여러 가수가 부른 '봄날은 간다' 노래를 듣고 감상평을 써 놓았습니다. 내가 좋아하는 노래 중 하나입니다. 읽던 책을 덮고 핸드폰으로 '봄날은 간다' 노래를 찾아들었습니다.

원곡을 부른 백설희의 노래는 눈을 감고 들으면 머릿속에 봄날의 풍경이 그려집니다. 붓으로 수채화 한 폭이 그려집니다. 조용필의 '봄날은 간다'는 구성집니다. 목소리에 이별의 한이 들어 있습니다. 진짜 유행가 같습니다. 장사익의 '봄날은 간다'는 툭툭 내뱉듯이 부르는데 어찌나 서럽던지요. 마음 깊은 곳에 숨어 있던 슬픔이 올라와 봄날이 무너집니다. 인생의 봄날을 보내는 슬픔에 한바탕 눈물이라도 쏟아야 할 것 같습니다. 주현미의 '봄날은 간다'는 기타 선율과 주현미 목소리만으로 노래 한 곡을 채웁니다. 주현미의 목소리는 악기입니다. 목소리가 너무 아름다워서 슬픕니다. 린의 '봄날은 간다'는 한도 슬픔도 없습니다. 이별과 기다림을 담백하게 노래합니다. 가는 봄날을 무심히 보냅니다.

노래는 한 곡인데 부르는 가수마다 다른 감정을 일으키는 경험을 했습니다. 나도 몇 번을 따라서 불러 봤습니다.

(입) 해가 지고 어둑해졌습니다. 멸치와 다시마를 우려내어 쑥국을 끓입니다. 냉이는 데쳐서 된장으로 조물조물 무칩니다. 민들레 잎과 봄동 어린순은 초고추장 살살 뿌려서 샐러드로 준비합니다. 접시 위에 매화꽃 여섯 장을 얹어 멋을 부립니다. 밤을 넣어 갓 지은 콩밥. 냉이 장아찌 얹고 돼지고기 볶음과 함께 배추쌈을 쌌습니다. 매실 막걸리 두 잔이 곁들여집니다. 인생살이 뭐 있나요. 오늘 하루 이 정도면 괜찮지요.

봄날 하루를 쉬고 왔습니다. 손님들이 매일매일 쏟아놓고 가는 삶의 질문들을 일주일 동안 차곡차곡 쌓았다가 하루 이렇게 쉬고 나면 새로운 힘이 생깁니다. 다시 사람들의 질문 속으로 들어갈 수가 있습니다.

아직 나의 봄날은 가지 않았으니 조금 더 짧은 인생의 봄날을 즐겨볼까 합니다.

4장. VISION! 김희숙이 7가지로 답하다

우리는 운(運)을 바꿀 수 있습니다

60대 엄마는 일찍 남편과 사별을 하고 혼자서 아들과 딸을 키워 냈습니다. 30대 아들은 트레일러 운전사로 아직 결혼 생각은 없습니다. 이 아들의 목표는 오직 돈을 모아 안정된 집을 갖는 것입니다. 20대의 딸은 아기가 갑자기 생겨서 한 달 만에 결혼을 했습니다. 지금은 둘째 출산을 앞두고 있습니다. 그런데 딸이 결혼 생활에 회의를 느끼고 있었습니다. 상담 중에 자꾸 웁니다. 사위는 더할 나위 없이 성실하고 착하답니다. 가정밖에 모른답니다. 딸이 내게 묻습니다.

"전 언제 행복해지나요? 저는 언제 돈을 많이 버나요?"

"왜 지금 행복하지 않으세요? 지금까지 행복하지 않았어요?"

"네. 전 어려서부터 계속 불행했던 것 같아요."

"그럼, 남편과 헤어지면 행복할 것 같아요?"

"모르겠어요."

"아버지가 돌아가시고 엄마 혼자서 오빠와 본인을 키워낸다고 고생하셨는데 곁에서 듣는 엄마가 그 말에 가슴 아프겠어요. 사람에게는 무엇이든지 '양(量)'이 있답니다. 우선 적게 먹으면 오래 산다고 동의보감에서 그럽니다. 그 말은 사람에게는 평생 먹을 음식의 양이 정해져 있는데 우걱우걱 많이 먹으면 빨리 다 먹어버렸으니 단명한다고 합니다.

다음은 우리가 호흡을 할 때 복식호흡을 하면 오래 산다는 말 들어보았죠? 사람에게는 평생 쉬어야 할 숨의 횟수가 정해져 있으니 헐떡헐떡 숨을 빨리 쉰다거나 말을 빨리 하면서 숨을 빨리 쉬면 단명합니다. 거북이는 천천히 숨을 들이쉬고 내쉬는 동물이라 장수의 상징이 되었습니다. 그래서 운동선수들이 보통의 사람들에 비해서 평균수명이 짧다고 합니다. 사람의 인연에도 정해진 양이 있습니다. 부부 인연, 친구 인연, 부모 자식 인연, 장소 인연 등…. 장사 손님이나 상담 손님도 양이 있고요. 심지어 점쟁이 영발에도 정해진 양이 있답니다. 재물에도 벌어들일 수 있는 양과 가질 수 있는 양이 있습니다. 그럼 한 사람의 행복과 불행에도 정해진 양이 있겠죠? 지금까지 30년 가까이 살면서 불행했다면 이제 불행의 양보다 행복의 양이 더 많이 남았을 것 같습니다. 이제 행복한 일이 더 많이 남았겠네요. 그리고 지금 우시는 이유는 불행해서가 아니고 갑자기 결혼이라는 것을 하고 아이를 키우게 되었고 배 속의 아이까지 키워내면서 육아우울증을 겪고 있는 것 같습니다. 결혼 전에 마음대로 살아오다가 결혼과 임신 출산을 겪으며 집 안에 갇히듯이 생활만 하고 있으니 답답한 마음들이 우울감으로 온 것 같습니다."

"그럴지도 몰라요."

"자신의 지난 시절이 불행하다고 하셨는데 엄마의 삶을 보면 어떤 마음이 드세요?"

"고생 많이 하셨죠. 지금도 하고 계시고요."

"어머니의 고생스러운 삶과 자신의 불행한 삶을 내 아이들이 겪어야 한다면 어떨까요?"

"네?"

"상담하면서 가족들의 사주팔자를 모아보면 많은 가족들의 사주팔자가 비슷한 패턴을 보입니다. 다른 명리학 선생님들의 통계를 봐도 사주팔자는 유전되는 것 같습니다. DNA의 대물림입니다. 우리가 건강은 유전이 된다는 것을 과학적으로 증명되어 알고 있죠? 건강만이겠어요? 나의 30년 후의 모습이 지금 내 부모의 모습이고, 내 아이들의 30년 후의 모습이 지금 내 모습이랍니다."

"그럼 안 돼요."

"그렇죠? 이제 유전되는 운명의 고리를 내가 끊어주려 노력해야 해요. 내가 어린 시절 아버지 없이 불행하게 자랐다면 내 아이들은 양 부모가 있는 평범한 가정에서 자라도록 노력해 주는 것도 운명의 유전을 끊어주는 방법입니다. 그럼, 이혼은 다시 생각해 봐야겠죠?"

"그러네요. 우선의 제 감정만 생각했네요."

"혹여 이혼이라는 것을 하게 되더라도 엄마가 행복하다고 느끼면 아이들은 밝게 자라요. 아이들은 부모가 느끼는 감정을 따라가거든요. 또 그동안 불행하다고 느껴온 감정들을 내 아이들은 행복하다고 느끼도록 보살펴 주는 것도 운명의 유전을 끊어내는 방법입니다. 그러려면 우선 자신이 행복 연습을 해야 해요. 아이들에게 행복하게 사는

에필로그

279

모습을 보여주어야 해요. 아이들은 부모의 등을 보고 자란대요. 행복해지는 노력 중에 작은 것이라도 감사하는 연습을 많이 해 보세요."

"그동안 아이들은 생각 못 했네요."

"이제 어리광 부리며 세상 탓, 부모 탓, 남편 탓을 하는 여자애가 아닙니다. 자식을 둘씩이나 품은 엄마입니다. 엄마는 독하고 강해야 자식들을 지켜냅니다. 살아가면서 운명은 유전된다는 사실을 명심해야 해요. 어떻게 하면 아이들에게 내 운명의 유전을 막을 것인가 고민하고, 불행의 고리는 끊으려 노력하고 행복의 고리를 물려줄까 공부하고 연구해야 합니다. 가장 좋은 방법은 지금 내가 행복하게 살아간다면 아마 아이들의 미래도 분명히 행복한 삶을 살 것이라 생각합니다."

박경리의 『김약국의 딸들』에서 약국집 딸들이 겪는 비극은 소설 속에서 둘째 딸이 털어놓은 말에 잘 요약되어 있습니다.

"저의 아버지는 고아로 자라셨어요. 할머니는 자살을 하고 할아버지는 살인을 하고 어디서 돌아가셨는지 아무도 몰라요. 아버지는 딸을 다섯 두셨어요. 큰딸은 과부, 영아 살해 혐의로 경찰서까지 다녀왔어요. 저는 노처녀구요. 다음 동생이 발광을 했어요. 그 가엾은 동생은 미치광이가 됐죠. 다음 동생이 이번에 죽은 거예요. 배가 침몰되어 물에 빠져 죽은 거예요…."

한 집안의 비극적 운명의 대물림이 소설로 쓰여졌습니다.

"요즘 우리 남편에게서 돌아가신 시아버지의 모습을 많이 봅니다. 시아버지가 빙의된 것 같아요. 심지어 코를 쿵쿵대는 모습까지도 어떻게 저렇게 꼭 닮았는지 모르겠어요. 짜증내는 모습도 닮았어요."

우리는 살아가면서 운명이 대물림되고 있는 모습을 보게 됩니다. DNA만 유전되는 것이 아니라 운명 자체가 유전되고 있는 것입니다. 지금 나의 삶이 곧 미래의 내 자식들의 삶이 될 수 있다는 사실을 머릿속에서 놓치지 않고 살아가야 합니다. 운을 바꿔야겠다는 생각이 운을 바꾸어 갑니다. 우리는 운을 바꿀 수 있습니다. 작은 생각, 사소한 행동이라도 행복한 운명의 유전자로 변형을 시키려고 실천하며 노력해야 합니다. 이 책을 마무리하며 건네는 화두입니다.

책을 출간할 수 있도록 응원해 주신 모든 분들께 깊이 감사드립니다. 좋은 책으로 만들어 주신 행복에너지 출판사 대표님과 모든 편집팀에게도 감사를 드립니다.

2018년 4월의 봄날

저자 김희숙

에필로그

인생이라는 길을 걸어가는 모든 분들께
행복과 긍정의 에너지가
팡팡팡 샘솟기를 기원드립니다!

권선복

(도서출판 행복에너지 대표이사)

혹자는 세상을 불공평하고 불평등하다고 말합니다. 아마도 개개인마다 태어난 환경, 자라난 환경, 또 보고 듣는 것, 경험하는 것 모두가 천차만별이기 때문이 아닐까 생각이 듭니다. 그러나 딱 한 가지, 모두에게 공평하게 주어진 것이 있다면 바로 내가 살아가는 '인생'이 아닐까요? 이 인생은 처음부터 답이 정해져 있지 않습니다. 그렇기 때문에 내가 원하는 방향대로 이끌어갈 수 있고, 또 그 인생길을 내가 발 딛고 싶은 대로 걸어갈 수도 있습니다. 우리는 이 인생 위에서 길을 어디로 내야 할지, 어떤 길로 걸어가야 할지 수많은 의문을 가

길을 묻는 인생에게

지고 생을 방랑하곤 합니다.

『길을 묻는 인생에게』는 앞에 수많은 갈래로 펼쳐진 인생길 앞에서 우리가 어떤 마음가짐으로 임해야 하는지를 말해 주고 있는 책입니다. 2년간 길로 나와 수많은 역경 속에서도 더 힘든 사람들, 더 낮은 곳에서 살아가는 사람들의 이야기를 들으며 '인생 상담가'가 되어 준 저자의 따뜻한 이야기가 우리를 위로합니다. 특히 명리학을 공부한 저자가 들려주는 여러 이야기가 아주 흥미롭게 다가옵니다. 또한 99%의 평범한 사람들 편에 서서 그들의 삶이 조금 더 행복해지기를, 한 걸음 더 앞으로 나아가기를 바라는 저자의 진실한 마음이 깊은 울림을 줍니다.

우리 모두 행복한 인생을 살고자 하는 기본적인 바람을 가슴에 품고 삽니다. 인생은 끊임없이 우리에게 어떤 길이 '행복으로 가는 길'이냐고 묻기도 합니다. 책에 담긴 저자의 이야기는 그에 대한 해답을 주고 있습니다. 이 책을 읽은 독자분들이 그 행복에 한 걸음 더 다가가기를 바라며, 모두에게 행복과 긍정의 에너지가 팡팡팡 샘솟으시기를 기원드립니다.

뉴스와 콩글리시

김우룡 지음 | 값 20,000원

이 책 『뉴스와 콩글리시』는 TV 뉴스와 신문으로 대표되는 저널리즘 속 콩글리시들의 뜻과 어원에 대해 탐색하고 해당 콩글리시에 대응되는 영어 표현을 찾아내는 한편 해당 영어 표현의 사용례를 다양하게 제시하기도 한다. 이러한 과정 속에서 독자들은 해당 영어 단어가 가진 배경과 역사, 문화 등 다양한 인문학적 지식을 알 수 있게 된다. 또한 많은 분들의 창의적이면서도 올바른 글로벌 영어 습관 기르기에 도움을 줄 수 있을 것이다.

장누수가 당신을 망친다

후지타고이치로 지음/ 임순모 옮김 | 값 17,000원

책 『'腸(장) 누수'가 당신을 망친다』에서는 생소한 용어인 장 누수에 관해 소개하고 장 누수로부터 일어나는 각종 문제를 설명하고 있다. 다년간 도쿄대 의대 교수로 재직했던 저자가 스스로 만들어 낸 장 건강을 회복하는 레시피를 담고 있어 자극적인 식습관과 음주로 인해 여러 합병증을 겪는 현대인들에게 새로운 식생활 및 습관을 실천하는 데 지침을 줄 것이다.

땅가진 거지 부자만들기

전재천, 박현선 지음 | 값 25,000원

이 책 『땅 가진 거지 부자 만들기 II』는 이렇게 '땅 가진 거지'가 되지 않도록 부동산 투자에 꼭 필요한 지식을 설명해 주는 동시에 아무 쓸모없다고 생각하는 땅도 발상의 전환에 따라 '금싸라기 땅'이 될 수 있다는 것을 보여주는 책이다. 특히 이 책이 강조하는 건 토지 매입과 개발의 기본 방향, 주택시장의 변화와 흐름, 땅의 종류와 관련 법령에 따른 개발 여부, 개발 불가능으로 여겨진 '버려진 땅'을 철저히 분석하여 '금싸라기 땅'으로 만드는 방법 등의 실질적인 부동산 투자 관련 지식이다.

아파도 괜찮아

진정주 지음 | 값 15,000원

이 책 『아파도 괜찮아』는 한의학의 한 갈래이지만 우리에게는 낯선 '고방'의 '음양 허실' 이론과 서양의학의 호르몬 이론, 심리학적인 스트레스 관리 등을 통해 기존의 의학 및 한의학으로 쉽게 치료하기 어려운 '일상적인 고통'을 치료하는 방법을 제 시한다. 또한 이론을 앞세우기보다는 저자의 처방을 통해 실제로 오랫동안 고통 받 았던 증상에서 치유된 사람들의 이야기를 먼저 전달하며 독자의 흥미를 돋운다.

역전한 인생 여전한 인생

구건서 지음 | 값 15,000원

이 책 『역전한 인생 VS 여전한 인생』은 '인생의 내비게이션' 이라는 개념을 통해 누 구나 자신의 인생 설계도를 만들어 나갈 수 있도록 돕는다. 또한 고민하는 독자들을 위해 구건서 저자는 꿈 · 관계 · 도전 · 재능 · 행동 · 기본 · 준비 · 열정이라는 8가 지 핵심 키워드를 제시한다. 이 핵심 키워드들은 어렸을 때부터 가난의 고통으로 하 루하루를 보냈고 수많은 역경을 겪으면서도 법률전문가이자 법학박사로서 '인생 역 선' 에 성공한 저자의 경험을 그대로 녹여 낸 핵심 자료라고 할 수 있다.

대학생 진로와 마주하다

이원희 지음 | 값 15,000원

『대학생, 진로와 마주하다』는 방황하고 있는 청춘들에게 진정한 '진로' 와 '꿈' 을 심 어주기 위한 책이다. 현재 대학에서 진로 지도교수로 재직 중인 저자가 집필한 만큼 학 생들이 공통적으로 갖고 있는 고민거리에 대해 따뜻하게 조언하고 격려해 주는 '인생 선배' 를 만날 수 있으며, 내 삶을 주인공으로 살기 위해 어떤 방향으로 나아가야 하는 지 도움을 준다.

세상의 문을 두드려라

한영섭 지음 | 값 20,000원

이 책 『세상의 문을 두드려라』는 전국경제인연합회 입사 후 인간개발연구원 4대 원장에 이르기까지 쉴 새 없는 도전의 삶을 살았던 한영섭 저자가 지나온 인생 동안 세계 각지를 돌아다니면서 겪었던 이야기들을 풀어낸 여행기인 동시에 회고록이다. 각계각층의 경영인들과 함께 세계를 누벼 온 저자가 다양한 사람들과 함께 해외를 여행하며 위기와 갈등, 도전에 잘 대처하는 모습에서 우리는 '섬김의 리더십'이 무엇인지 느낄 수 있다.

라벤더, 빛의 선물

모니카 위네만, 마기 티설랜드 지음/ 역자 박하균 | 값 17,000원

이 책 『라벤더, 빛의 선물』은 이렇게 고대부터 현대에 이르기까지 유럽에서 '허브의 여왕'으로 사랑받아 왔고 최근에는 전 세계적으로 사랑받고 있는 허브식물 라벤더에 대한 지식과 활용법을 광범위하게 전달한다. 라벤더의 역사와 효능, 재배 방법, 오일 증류법, 에센스 활용법 등 이 책이 다루고 있는 라벤더에 대한 지식은 광범위하면서도 깊이가 있고, 이해하기 쉬우면서도 실용적이다.

희망의 새길, 한번 더

나용찬 지음 | 값 15,000원

이 책 『희망의 새 길 한 번 더』는 '현장군수'로 불리며 항상 현장에서 군정을 솔선수범하는 나용찬 괴산군수와 그의 곁에서 조용하지만 누구보다도 힘 있는 행동으로 군정을 돕는 아내 안미선 공동저자의 인생과 철학이 담긴 글이다. 또한 이 책은 총 7개의 장 속에서 괴산의 아들로 태어나 경찰관이 되고, 일선 업무를 통해 괴산 농민들의 입장에서 밀착하여 생각하며 갈등 중재를 가장 중요한 행정의 역할 중 하나로 보는 그의 행정 철학을 잘 보여주고 있다.

'행복에너지'의 해피 대한민국 프로젝트!
<모교 책 보내기 운동>

대한민국의 뿌리, 대한민국의 미래 **청소년·청년**들에게 **책**을 보내주세요.

많은 학교의 도서관이 가난해지고 있습니다. 그만큼 많은 학생들의 마음 또한 가난해지고 있습니다. 학교 도서관에는 색이 바래고 찢어진 책들이 나뒹굽니다. 더럽고 먼지만 앉은 책을 과연 누가 읽고 싶어 할까요? 게임과 스마트폰에 중독된 초·중고생들. 입시의 문턱 앞에서 문제집에만 매달리는 고등학생들. 험난한 취업 준비에 책 읽을 시간조차 없는 대학생들. 아무런 꿈도 없이 정해진 길을 따라서만 가는 젊은이들이 과연 대한민국을 이끌 수 있을까요?

한 권의 책은 한 사람의 인생을 바꾸는 힘을 가지고 있습니다. 한 사람의 인생이 바뀌면 한 나라의 국운이 바뀝니다. 저희 행복에너지에서는 베스트셀러와 각종 기관에서 우수도서로 선정된 도서를 중심으로 <모교 책 보내기 운동>을 펼치고 있습니다. 대한민국의 미래, 젊은이들에게 좋은 책을 보내주십시오. 독자 여러분의 자랑스러운 모교에 보내진 한 권의 책은 더 크게 성장할 대한민국의 발판이 될 것입니다.

도서출판 행복에너지를 성원해주시는 독자 여러분의 많은 관심과 참여 부탁드리겠습니다.

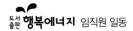
도서출판 **행복에너지** 임직원 일동